Basiswissen
Politik / Geschichte / Ökonomie

AF197839

Georg Fülberth

Kapitalismus

PapyRossa Verlag

5., erweiterte Auflage 2023
4., erweiterte Auflage 2018
3., erweiterte Auflage 2015
2. Auflage 2011
1. Auflage 2010

© 2023 by PapyRossa Verlags GmbH & Co. KG, Köln
Luxemburger Str. 202, D-50937 Köln
Tel.: +49 (0) 221 – 44 85 45
Fax: +49 (0) 221 – 44 43 05
E-Mail: mail@papyrossa.de
Internet: www.papyrossa.de

Umschlag: Willi Hölzel, Lux siebenzwoplus
Druck: Interpress

Die Deutsche Bibliothek verzeichnet diese Publikation in der
Deutschen Nationalbibliografie; detaillierte bibliografische
Daten sind im Internet über http://dnb.ddb.de abrufbar

ISBN 978-3-89438-429-6

Inhalt

I. Theorie

1. Was ist Kapitalismus?

Kapitalismus ist die Funktionsweise von Gesellschaften, die auf dem Privateigentum an den wichtigsten Produktionsmitteln, der Erzielung von *Gewinn* und der Vermehrung der hierfür eingesetzten Mittel (die als *Kapital* zu bezeichnen sind) durch den *Kauf* und *Verkauf* von *Waren* oder die Erbringung und den Verkauf von *Dienstleistungen* beruhen.

Gesellschaft ist das Zusammenwirken von Menschen

1. zur Sicherung ihres Lebensunterhalts,
2. zum Unterhalt der noch nicht oder nicht mehr zur Sicherung des Lebensunterhalts befähigten Generationen und
3. zur Reproduktion und Sicherung ihrer territorialen Lebensvoraussetzungen. (Lambrecht/Tjaden/Tjaden-Steinhauer: 9-52)

Wirtschaft ist die mit der Herstellung und Verteilung von Gütern befasste Tätigkeit jeder – nicht nur der kapitalistischen – Gesellschaft. Sie gehört im Wesentlichen zur Funktion »Sicherung des Lebensunterhalts« innerhalb des gesellschaftlichen Zusammenwirkens der Menschen (in der vorstehenden Aufzählung: 1., aber auch zum Unterhalt der noch nicht oder nicht mehr zur Sicherung des Lebensunterhalts befähigten Generationen (2).

Als »wichtigste Produktionsmittel« gelten hier diejenigen, durch deren Anwendung die in einer Gesellschaft am häufigsten und von den Mitgliedern dieser Gesellschaft für unentbehrlich gehaltenen Waren hergestellt werden.

Waren sind Güter, die 1. gekauft und verkauft werden und 2. zwischen Produktion und Verbrauch selbständig vorhanden sind. *Dienstleistungen* werden im Moment ihrer Erbringung konsumiert (zum Beispiel eine Bedienung eines Menschen durch einen anderen Menschen oder eine Reise [Marx 1989: 59-61]).

Kauf und *Verkauf* ist der Tausch von Waren gegen eine bestimmte, in der Gesellschaft als allgemeine (= gegen alle anderen Waren eintauschbare) anerkannte Ware: *Geld.* (Im Deutschen wird dieser Anerkennungsvorgang schon im Namen sichtbar: das Wort »Geld« kommt von »Gelten«. In anderen Sprachen kommt zum Ausdruck, dass Geld lange Zeit mit geprägtem [Edel-]Metall – Münzen – identisch war [z. B. engl. money von moneta].)

Der – nicht nur räumliche, sondern gesellschaftliche – Ort, an dem die Käufe und Verkäufe stattfinden, ist der *Markt.*

Kapital nimmt in der Regel zunächst die Form des Geldes an, mit dem Rohstoffe, Halbzeug, Maschinen gekauft und Arbeitskräfte bezahlt werden. Mit deren Einsatz wird das ursprünglich aufgebrachte Geld vermehrt. Benutzen wir für Geld das Zeichen G, können wir seine vermehrte Menge als G' (oder Geld +) notieren.

Der Vorgang der Kapitalvermehrung wurde durch Karl Marx (1818–1883) in folgender sehr einfacher Formel beschrieben: G – W – G'. (Marx 1975: 165); (W bedeutet Ware).

Gewinn (engl. *profit*; dt. *Profit*) ist der in Geld (Preisen) ausgedrückte Überschuss des Verkaufspreises einer Ware entweder über ihren Einkaufspreis oder über die Summe der Löhne und der Preise der Waren, die als Produktionsvoraussetzungen für die Herstellung dieser Ware gekauft wurden.

Gewinn kann auch durch den Erwerb und Verkauf von Waren, die vor dem Verkauf keinem Produktionsvorgang durch den Erwerber und Weiterverkäufer unterzogen wurden, erzielt werden. In der Regel sind diese aber einmal produziert worden, bevor der Weiterverkäufer sie erwarb. Dies gilt insbesondere dann, wenn unter *Produktion* nicht nur die Herstellung von Waren verstanden wird, sondern auch deren Bereitstellung durch Ernte und Transport.

2. Wirtschaftsweise oder Gesellschaft?

Unter dem Vorgang G – W – G' kann zweierlei verstanden werden:

1. eine Technik der Warenproduktion und -zirkulation sowie Gewinnerzielung, die sich in unterschiedlichen (auch nichtkapitalistischen) Gesellschaften fand und findet. In der Antike wurden ebenfalls schon Waren für Geld gekauft und – entweder bei Dazwischenschaltung von Produktion oder durch einfache Weiterveräußerung – mit Gewinn weiterverkauft. Gleiches gilt für das Handwerk in mittelalterlichen Städten. In einigen sozialistischen Gesellschaften – besonders in der Deutschen Demokratischen Republik mit ihrem »Neuen Ökonomischen System der Planung und Leitung der Volkswirtschaft« (NÖSPL) ab 1963 – war der Gewinn, den die Betriebe erwirtschafteten, eine Kennziffer der Planerfüllung, und er wurde nach der Herstellung

durch Verkauf der von ihnen erzeugten Waren auf Märkten erzielt (»sozialistische Warenproduktion«). Es handelte sich durchgehend um nichtkapitalistische Gesellschaften, in denen der Vorgang G – W – G' ein untergeordnetes Phänomen war: eine kapitalistische *Wirtschaftsweise*, keine kapitalistische *Gesellschaft*.

2. Diese gibt es erst dort, wo die kapitalistische Wirtschaftsweise nicht ein Subsystem ist, sondern das die gesamte Gesellschaft beherrschende Prinzip. Karl Marx hat diesen Unterschied implizit so kenntlich gemacht:

> »Der Reichtum der Gesellschaften, in welchen kapitalistische Produktionsweise herrscht, erscheint als eine ›ungeheure Warensammlung‹, die einzelne Ware als seine Elementarform.« (Marx 1975: 49)

Entscheidend ist hier das Prädikat »herrscht«. Es bedeutet, dass der Vorgang G – W – G' die gesamte Gesellschaft durchdringt, nicht eine Ausnahme, sondern die Regel ist und den Zweck des Wirtschaftens bestimmt. Hier ist der Tendenz nach alles eine Ware, nicht nur dieses oder jenes Produkt, das auf Märkten verkauft wird.

3. Die Ursachen des Gewinns[1]

Der Gewinn hat mindestens vier Quellen:

1. Sind die Märkte nicht transparent oder sind sie durch einen Machtvorteil der verkaufenden (= anbietenden) Seite gegenüber der kaufenden (= nachfragenden) bestimmt, kann vor dem Verkauf ein willkürlicher Aufschlag auf die Kosten, die die Herstellung oder der Kauf einer Ware ver-

---

1   Ausführlicher hierzu: Fülberth 2014: 48-81.

ursachte, erhoben werden. Bestehen aber zwischen An-
bietern und Nachfragern gleiche Bedingungen, fällt diese
Möglichkeit weg. Jede(r) Anbieter(in) ist zugleich Nach-
frager(in). Wer eine überteuerte Ware verkauft, wird den
Aufpreis wieder zahlen müssen, sobald er (sie) von der früheren Nachfrageseite entweder direkt oder über Zwischen-
stationen selbst wieder eine Ware kaufen muss.

2. Karl Marx sah den »Mehrwert« als die Ursache des Gewinns. Er ging von einer gespaltenen Gesellschaft aus:
einer großen Masse von Menschen, die vom Verkauf ihrer
Arbeitskraft leben, den Lohnarbeiter(inne)n, stehen die
Eigentümer der Anlagen (z. B. Maschinen), mit denen sie
arbeiten, gegenüber – die Unternehmer oder Kapitalisten. Hierin stimmte er mit anderen Ökonomen vor ihm,
auf die er sich im Übrigen kritisch bezog (Adam Smith
1723–1790; David Ricardo 1772–1823) überein. Für sie
wie für Marx war der Wert einer Ware ausschließlich durch
die Menge an Arbeit, die für ihre Herstellung aufgebracht
werden musste, bestimmt. (Man bezeichnet diese Auffassung als Arbeitswertlehre). Auch der Wert der Rohstoffe
und der Zwischenprodukte kann in der Menge der Arbeit,
die für ihre Herstellung benötigt wird, gemessen werden.
Dabei ist die Arbeitskraft selbst eine Ware. Ihr Wert bestimmt sich ihrerseits durch eine Arbeitsmenge: das ist die
Zeit, die gearbeitet werden muss, um den Lebensunterhalt
der Arbeitenden im weitesten Sinn (Nahrung, Kleidung,
Wohnung, Aufwendungen für den Unterhalt der Kin-
der = künftiger Arbeiter/innen) zu erzeugen. Man kann
sie in Stunden messen, die mit Geld (= Lohn) bezahlt
werden. Bei Marx (anders als bei Smith und Ricardo) hat
die Arbeitskraft eine Eigenschaft, die sie von allen anderen
Waren unterscheidet: Sie kann länger angewandt werden,

als ihre eigene Herstellung erfordert. Marx demonstriert dies in seinem Hauptwerk – »Das Kapital« – am Beispiel eines Zwölfstundentages, der zu seiner Zeit in Großbritannien üblich war: Die Herstellung der Güter, die ein Arbeiter/eine Arbeiterin für seinen (ihren) Lebensunterhalt benötigt, betrage sechs Stunden. (Der Geldausdruck für diese Zeit, der Lohn, ist im von Marx gewählten Beispiel zwei Schillinge.) In diesen sechs Stunden stellt diese Arbeiterin oder dieser Arbeiter eine bestimmte Menge einer Ware (im von Marx benutzten Beispiel: zehn Pfund Garn) her. Doch die Arbeitskraft kann länger angewandt werden, sagen wir: zwölf Stunden. In dieser zusätzlichen Zeit wird weiter Garn (noch einmal zehn Pfund) erzeugt. Aber dafür wird nicht noch einmal Lohn gezahlt. Dessen Äquivalent – den Mehrwert (bei Marx: wiederum zwei Schillinge) – eignet sich der Unternehmer an, er ist sein Gewinn. Das Verhältnis des Mehrwerts zum tatsächlich gezahlten Lohn nennt Marx die Mehrwertrate. Von ihr ist die Profitrate (heute spricht man eher von der Rendite) zu unterscheiden. Hier wird der Mehrwert nicht nur durch den Lohn dividiert, sondern durch eine Summe, die aus dem Lohn und den Kosten für Anlagen, Vorprodukte und Rohstoffe besteht. Auch ihr Wert kann nach Marx in Arbeitszeit gemessen werden. Eine Schwierigkeit entsteht, wenn nachgewiesen werden soll, dass der Input an Arbeitszeit (der Arbeitswert, bei Marx oft auch kurz als *Wert* bezeichnet) mit dem tatsächlich auf dem Markt erzielten *Preis* identisch sei. Letzterer schwankt nämlich in der Regel je nach Angebot und Nachfrage. Dieses Problem wurde in der wissenschaftlichen Literatur über hundert Jahre lang diskutiert (Quaas 1992). Neuerdings ist eine Übereinstimmung von Arbeitswerten und Preisen als eine stochastische Tatsache dargelegt worden (Farjoun/ Machover 1983), die zwar gesamtgesellschaftlich, aber in keinem einzigen der in der Gesamtmenge enthaltenen Einzelfälle eintreten muss.

3. Ab 1870 setzte sich in den Wirtschaftswissenschaften eine neue Richtung durch, die die Arbeitswertlehre ablehnte und sich nur noch am auf dem Markt sichtbar werdenden Preis orientierte. Dieser bestimme sich nach dem Verhältnis von Angebot und Nachfrage, er sei so hoch wie der Erlös des letzten Exemplars einer Ware, das überhaupt noch abgesetzt werden könne. (Jedes weitere sei, da überzählig, unverkäuflich. Der Preis des letzten Produkts, das noch abgenommen werden kann – des »Grenzprodukts« –, bestimme sich nach seinem »Grenznutzen« (Grenznutzentheorie). Ein Gewinn könnte demnach nur so lange erzielt werden, wie die Nachfrage das Angebot übersteigt. Gleichen beide sich im Grenznutzen aus, gibt es auch keinen Gewinn mehr. Insofern ein Markt zum Ausgleich von Angebot und Nachfrage tendiert, entsteht Gewinn hier nur in einer Art Ausnahmezustand.

4. Diese Schwäche der Grenznutzentheorie wurde von Joseph A. Schumpeter (1883–1950) erkannt. Im Gleichgewicht von Angebot und Nachfrage besteht bei ihm eine Kreislaufwirtschaft ohne Gewinn. Die Marktteilnehmer produzieren und tauschen dort zwar Waren, auch mit Hilfe von Geld, aber sie haben am Ende dieser Operationen – in Preisen gemessen – genau so viel wie zuvor (zuzüglich eines Zinses, dessen Herkunft von Schumpeter nicht hinreichend erklärt ist). Sinnvoll sind Produktion und Tausch für sie deshalb, weil sie sich dadurch ja in den Besitz von Gütern setzen, die sie benötigen, aber nicht

selbst herstellen. Gewinn (über den Zins hinaus) entsteht erst dann, wenn der »Unternehmer« auftritt. Dieser ist nicht irgendein Kapitaleigentümer, sondern er zeichnet sich durch folgende Besonderheit seines Handelns aus: er zerstört das Gleichgewicht, indem er Arbeitskräfte, Produktionsmittel und Geld, die bislang ausschließlich innerhalb dieses Gleichgewicht genutzt wurden, den bisherigen Eigentümern von Produktionsmitteln entzieht und sie für die »Durchsetzung neuer Kombinationen« (Schumpeter 1997: 100) verwendet. Der Begriff: »neue Kombinationen« deckt

»folgende fünf Fälle:
1. Herstellung eines neuen, d.h. dem Konsumentenkreise noch nicht vertrauten Gutes oder einer neuen Qualität eines Gutes.
2. Einführung einer neuen, d.h. dem betreffenden Industriezweig noch nicht bekannten Produktionsmethode, die keineswegs auf einer wissenschaftlich neuen Entdeckung zu beruhen braucht und auch in einer neuartigen Weise bestehen kann mit einer Ware kommerziell zu verfahren.
3. Erschließung eines neuen Absatzmarktes, d.h. eines Marktes, auf dem der betreffende Industriezweig des betreffenden Landes noch nicht eingeführt war, mag dieser Markt schon vorher existiert haben oder nicht.
4. Eroberung einer neuen Bezugsquelle von Rohstoffen oder Halbfabrikaten, wiederum: gleichgültig, ob diese Bezugsquelle schon vorher existierte – und bloß sei es nicht beachtet wurde sei es für unzulänglich galt – oder ob sie erst geschaffen werden muß.
5. Durchführung einer Neuorganisation, wie Schaffung einer Monopolstellung (z.B. durch Vertrustung) oder Durchbrechen eines Monopols.« (Ebd.: 100 f.)

Die Kunden werden ein Produkt, das entweder vollständig neu ist oder mit Verfahren gewonnen wird, die die Kosten senken, oder das auf einem neuen Markt abgesetzt wurde, zu einem Preis kaufen, der oberhalb des bisherigen Gleichgewichtspreises liegt, wobei letzterer nach Schumpeters

Annahme ja nur die Kosten deckt und einen für seine Argumentation unerheblichen Zins abwirft. Diese Differenz ist der Gewinn des Unternehmers. Er übersteigt den bisherigen Gleichgewichtspreis.

Innovationen der beschriebenen Art treten laut Schumpeter nicht gleichmäßig über die Zeit verteilt auf, sondern in Schüben. Eine neue Kombination entwertet massenhaft bisherige Produkte und Verfahren. Dann schwenken immer mehr Unternehmer auf die Innovationen ein. Sobald diese Gemeingut geworden sind, verschwindet der Unternehmergewinn. Ein neues Gleichgewicht hat sich eingestellt, in dem die Preise nur die Kosten decken und den Zins auf das eingesetzte Kapital abwerfen. Dabei wird es aufgrund von Fehlkalkulationen zu zyklischen Rezessionen kommen. Diese aber werden gleichsam überspannt von einem Phänomen, das die Ökonomen Kondratieff (Kondratieff 1926) und Spiethoff (Spiethoff 1955), auf die sich Schumpeter beruft, »Lange Wellen« nannten.

Sie beginnen in der Regel mit einer tiefen Krise, die nicht zu verwechseln ist mit einer zyklischen Rezession. Der Verlauf kann so dargestellt werden:

Eine der fünf oben genannten »neuen Kombinationen« tritt auf. Der Unternehmer, der sie einführt, macht hohe Gewinne. Zugleich werden herkömmliche Produkte und Verfahren außer Kraft gesetzt, die dort engagierten Arbeitskräfte werden ruiniert oder versuchen ebenfalls sich an den neuen Kombinationen zu beteiligen. Dort werden tatsächlich für einige Zeit Gewinne gemacht, die aber in dem Maße geringer werden, in dem die Beteiligung in diesen Sektoren zunimmt. Diese Phase wird heute häufig als Boom bezeichnet. Er endet, wenn im Bereich der neuen Kombinationen das Angebot die Nachfrage übersteigt. Dann können z. B. Kredite, die in der falschen Hoffnung auf einen Gewinn aufgenommen wurden, nicht mehr zurückgezahlt werden. Die Krise wirft die überzähligen Marktteilnehmer aus dem Markt. Diejenigen, die übrig bleiben, machen keinen Gewinn mehr, sondern decken nur noch ihre Kosten und erzielen den Zins. Ein Gleichgewicht hat sich hergestellt – bis zum nächsten Mal.

Bei Schumpeter ist nicht jeder Eigentümer eines Betriebs ein Unternehmer. Diese Bezeichnung erhält bei ihm nur, wer Gewinn durch neue Kombinationen macht. Die anderen lassen sich auch nicht als Kapitalisten bezeichnen, denn Kapital sind für ihn nur die Mittel zwecks Finanzierung der neuen Kombinationen. Der Eigentümer von Betrieben, der keinen Gewinn erwirtschaftet, ist bei Schumpeter ein »normaler Wirt«. (Ebd.: 283) Er ist der typische Anwender von Produktionsmitteln im Gleichgewicht.

Gerade dieses Gleichgewicht aber ist die Grenze, an die wir stoßen, wenn wir bei Schumpeter Aufschluss über das Wesen des Gewinns haben wollen. Der »normale Wirt« beschäftigt in der Regel ebenfalls Lohnarbeiterinnen und Lohnarbeiter. Sein Einkommen beruht weder auf Lohn noch auf Gewinn. Es ist das, was übrig bleibt, wenn die Löhne, die Rohstoffe, das Halbzeug, die Mieten bezahlt und die Kredite bedient sind. Davon lebt dann der Wirt. Aber wo kommt das her? Mehrwert im Sinne von Marx kann es nicht sein, wenn die von Schumpeter abgelehnte Arbeitswertlehre nicht akzeptiert wird. Unternehmergewinn ist es auch nicht, denn es fehlt ja die neue Kombination. Das heißt aber: im Zustand des Gleichgewichts kann der Profit – der hier ja nur ein Zins ist – nicht erklärt werden. Wir können den Gewinn (im Schumpeterschen Sinn) als eine regelmäßige Erscheinung des Kapitalismus nur annehmen, wenn wir uns von der allgemeinen Gleichgewichtstheorie verabschieden, wenn wir kapitalistische Wirtschaft also als eine Wirtschaft auffassen wollen, die permanent im Ungleichgewicht ist.

Damit haben wir die vier Theorien über die Entstehung des Gewinns zusammengetragen. Eine fünfte Gewinnform könnten wir noch nennen: den Monopolgewinn. Er entsteht, wenn es auf einem Markt einen einzigen Anbieter gibt. (Sind es zwei, spricht man von einem Duopol, sind es einige wenige, von einem Oligopol.) Doch lässt sich aus dieser Tatsache keine eigenständige Theorie über die Ursachen des Gewinns ziehen. Monopolgewinn ist ein Extra-Gewinn, der vom Normalgewinn nach oben abweicht. Doch woher kommt der Normalgewinn? Hier stellt sich dieselbe unbeantwortete Frage wie im Zusammenhang mit dem Gewinn (Zins) im Gleichgewicht bei Schumpeter.

Es zeigt sich: keine der hier aufgeführten vier Gewinnerklärungen ist monokausal anwendbar. Kombiniert man sie jedoch, haben sie eine weiter reichende Erklärungskraft. Diesen Versuch unternahm der US-amerikanische Ökonom Robert L. Heilbroner in seinem Buch »The Nature and Logic of Capitalism«.

Er unterscheidet drei miteinander unverbundene Quellen des Profits:

Der erste ist der Handelsgewinn. (Heilbroner 1986: 65 f.) Marx hat ihn bekanntlich als eine nur temporäre Erscheinung, die durch spätere Verluste wieder ausgeglichen wird, für irrelevant erklärt. Heilbroner misst ihm zumindest historisch eine größere Bedeutung bei: unter den Bedingungen ungleichen Tauschs. Die Vorstellung vom vollkommenen Wettbewerb auf völlig transparenten Märkten ist auch in der Gegenwart noch eher Norm als Realität.

Die zweite Quelle des Profits ist der Mehrwert als Ergebnis
zusätzlicher Arbeitszeit über das zur Reproduktion der Ware
Arbeitskraft Notwendige hinaus. (Ebd.: S. 66-73) Es handelt
sich aber nicht ausschließlich um die Marxsche Mehrwert-
lehre aus dem Ersten Band des »Kapital«. Heilbroner fällt
hier ein salomonisches Urteil:

> »Die Auffassung vom Mehrwert (Surplus value), der aus der
> Produktion resultiert, ist von der Mehrwerttheorie zu unter-
> scheiden. Letztere ist der Versuch, relative Preise in Arbeit
> auszudrücken. Lohnarbeit kann – unabhängig davon, was die
> Quelle des Werts sein mag – so lange einen Mehrwert erzeugen,
> wie die Summe der Preise für Arbeitskraft und verbrauchtes
> Material geringer ist als der Preis des mithilfe von Arbeit her-
> gestellten Produkts.« (Ebd.: 73. Übersetzung: G. F.)

»Mehrwert« (Surplus value) ist hier also nicht identisch mit
Arbeits-Mehrwert.

Auch Heilbroner akzeptiert – Drittens: den Schumpeterschen Innovationsgewinn. (Ebd.: 73 f.) Er wird bekanntlich
nach einiger Zeit wieder dadurch zunichte gemacht, dass
die Konkurrenten die neuen Kombinationen des »schöpfe-
rischen« Unternehmers übernehmen, sodass auch dieser sich
dann wieder mit einem durchschnittlichen Profit begnügen
muss. Der aber ist laut Heilbroner durch Handelsgewinn
und Surplus value erklärbar.

Viertens: Zusätzlich zu Heilbroners Versuchen muss
auch folgender Beitrag der Grenznutzentheorie zur Ge-
winnerklärung akzeptiert werden: Das Gleichgewicht, in
dem der Gewinn wegfällt, wird erst dann erreicht, wenn die
Nachfrage nicht mehr höher ist als das Angebot – also am
Ende eines Prozesses. Bis dahin erzielen die Anbieter für ein
knappes Gut einen Gewinn, der sich daraus ergibt, dass die
Nachfrager Preise zu zahlen bereit oder genötigt sind, die
oberhalb der Kosten liegen.

Das Nebeneinander von vier Gewinnarten wirkt eklektisch. Sie alle gehen aber auf eine gemeinsame Ursache zurück: das Privateigentum an den Produktions- und Zirkulationsmitteln. Nur wer die Mittel besitzt, um Waren auf einem intransparenten oder vermachteten Markt[2] anzubieten, wird dort erfolgreich einen Aufschlag erheben können. Mehrwert durch unbezahlte Mehrarbeit der Lohn- oder Gehaltsabhängigen erzielen die Eigentümer der Produktionsinstrumente. Die Anbieter gemäß der Grenznutzentheorie müssen zunächst Eigentümer nicht nur der von ihnen angebotenen Waren, sondern auch der Mittel zu deren Herstellung und Vertrieb sein. Nach Schumpeter benötigt der »schöpferische« Unternehmer zumindest einen Kredit, nämlich dann, wenn er kein eigenes Produktionseigentum hat. Doch das Geld, das er sich leiht und das er zu Kapital macht, hat Eigentümer: Geldvermögensbesitzer, denen also das wichtigste Zirkulationsmittel gehört. Der Kapitalismus ist somit tatsächlich eine Klassengesellschaft durch seine Scheidung in Gesellschaftsmitglieder, deren hauptsächliches Einkommen aus Gewinnen besteht, und diejenigen, die auf Löhne und Gehälter (oder, wenn ihre Arbeitskraft keine Nachfrage findet, auf Sozialtransfers) angewiesen sind. Der zentrale Ort ihrer Beziehungen zueinander, an dem die Gewinne erwirtschaftet werden, sind die Unternehmen. Sie befinden sich im Eigentum der Kapitalisten.

Die hier vorgetragene eklektische Auffassung ist nicht das letzte Wort zur Gewinn-Entstehung. Wir müssen vielmehr 1. von einer Art Hierarchie der Erklärungen und 2. ihrer je aktuellen Relativierung ausgehen:

---

2 Intransparenter Markt: Hier verfügen nicht alle Anbieter/innen und Nachfrager/innen über die gleichen Informationen. Vermachteter Markt: Dort sind einige gezwungen, zu diktierten Prisen zu kaufen oder zu verkaufen.

1. In der Version von Farjoun/Machover dürfte die Arbeits-Mehrwerttheorie die plausibelste sein.
2. Auf dem Markt aber tritt der Arbeits-Mehrwert in unterschiedlichen Form (Aufschlag, Differenz zwischen Angebot und Nachfrage im Sinne der Grenznutzentheorie, Innovationsgewinn, Monopolprofit) in Erscheinung.

Ein Blick auf die Geschichte des Kapitalismus wird zeigen, dass in den jeweiligen Perioden seiner Entwicklung die einzelnen Gewinntypen mehr oder weniger deutlich ausgeprägt sind. Je nach ihrem Überwiegen können diese Phasen unterschieden werden. Es haben sich historisch auch mehrere Arten des Kapitals herausgebildet, denen spezifische Gewinnformen zugeordnet werden können. Im Einzelnen sind dies fünf Kapitalsorten:

1. das Warenhandlungskapital (Gewinn = Handelsspanne),
2. Geldhandlungskapital (Gewinn = Zins),
3. Industriekapital (Gewinn = Mehrwert in unterschiedlichen Definitionen, sei es von Marx oder Heilbroner),
4. Dienstleistungskapital (der Gewinn dürfte im Wesentlichen mit der Art des Gewinns des Industriekapitals vergleichbar sein),
5. Börsenspekulationskapital (der Gewinn besteht weniger aus den Dividenden, die mit dem Gewinn des Geldhandlungs-, Industrie- und Dienstleistungskapital identisch sind, als aus positiven Kursdifferenzen).

4. Akkumulation

Der Gewinn ist zwar eine notwendige, aber nicht die hinreichende Voraussetzung des Kapitalismus. Denkbar ist, dass ein Eigentümer von Produktions- und Zirkulationsmitteln zwar einen Gewinn erzielt, diesen aber ausschließlich für seinen Konsum verwendet. Die eingesetzten Mittel sind Kapital, das ihm nach dem Warenverkauf wieder voll zur Verfügung steht, falls er Verschleiß durch Rücklagen ersetzt. Es wird aber nicht vermehrt.

Die ständige Ausdehnung der Kapitalmasse – ihre *Akkumulation* – aber ist ein Merkmal des Kapitalismus. Im Fall des völligen Verzehrs des Gewinns hätten wir es mit Kapital ohne Kapitalismus zu tun. Eine Gesellschaft, die durch einen solchen Zustand gekennzeichnet ist, hat es in der Geschichte bisher nicht gegeben.

Wer seinen Gewinn nicht völlig aufbraucht, kann einen Teil davon an die Kunden weitergeben. Damit sichert man sich einen zusätzlichen Marktanteil, den bis dahin ein anderer Anbieter belieferte. Beide stehen in einem Verhältnis des Wettbewerbs (Konkurrenz) zueinander. Dies erklärt aber noch lange nicht, weshalb sie versuchen sollten, einander aus dem Markt zu drängen. Denkbar wäre ja auch, dass sie sich wechselseitig ihre Anteile nicht streitig machen, also zu gegenseitigem Vorteil auf Wettbewerb verzichten. Dies wäre Vermeidung von Konkurrenz durch Absprache. Es war das Prinzip der mittelalterlichen Zünfte, in denen es immerhin schon Großmeister gab, die lohnabhängige Gesellen beschäftigten und Mehrwert erzielten. Sie gelten aber zu Recht als Musterbeispiele nichtkapitalistischen Verhaltens. Dessen Überwindung ermöglichte erst den modernen Kapitalismus. Aber warum?

Offensichtlich wäre eine Erklärung, in welcher der Markt sich durch sich selbst erklärt, zirkulär. Sicherung des Wettbewerbs durch Vorschriften, die Preisabsprachen verbieten, ist eine Norm marktliberaler Politik. Eine Rechtfertigung hierfür wäre der »Wettbewerb als Entdeckungsverfahren«. (Hayek 1968) Einleuchtend ist das für Innovationen: durch neue Verfahren werden billigere, bessere und begehrtere Waren und Dienstleistungen angeboten, da sich die Anbieter dadurch einen Wettbewerbsvorsprung erhoffen. Die Nachfrager haben ebenfalls einen Vorteil davon, da ihnen diese Waren und Dienstleistungen dadurch zugänglich werden. Die ständige Abfolge solcher Innovationen mag in einem allerdings vorab erst technischen Sinn als Fortschritt bezeichnet werden und wird zum Beispiel auf dem Gebiet der Medizin auch allgemein akzeptiert.

Da Akkumulation darin besteht, dass ein Teil des Gewinns dem bis dahin schon bestehenden Kapital zugeschlagen wird, nimmt im Laufe der Geschichte des Kapitalismus die Masse des Kapitals ständig zu. Die kapitalistische Produktions- und Zirkulationsweise dringt damit in immer neue Bereiche ein. Hierfür ein paar Beispiele: Vor der Industriellen Revolution des 18. und 19. Jahrhunderts wurden fast nur Textilien kapitalistisch erzeugt und gehandelt, dazu auch die damaligen Zirkulationsmittel: Gold und Silber, die in Bergwerken gefördert wurden. Der Buchdruck wurde nur ausnahmsweise kapitalistisch, meist dagegen im Handwerk (wo nur selten Mehrwert erzeugt und noch seltener akkumuliert worden ist) betrieben. Die Industrielle Revolution brach in der Textilbranche durch und war anfangs auf diese beschränkt. Im Bergbau war die Förderung von Kohle der nächste Anwendungsbereich, zeitgleich auch die weitere Montanindustrie für die Förderung und Verarbeitung von Gebrauchsmetallen (Eisen und Stahl). Chemie und Elektrobranche stellten Ende des 19. Jahrhunderts völlig neue Produkte bereit. Zunehmend wurden bislang nicht-kapitalistische Formen des Arbeitens durch kapitalistische ersetzt. Schließlich drang in der zweiten Hälfte des 20. Jahrhunderts diese Produktions- und Zirkulationsweise in die

Privathaushalte ein: wo früher Hausfrauen (oder Dienstmädchen) durchgehend Speisen bereiteten und konservierten, die Wäsche wuschen und die Wohnungen reinigten, sind diese Tätigkeiten in hohem Maße durch kapitalistisch bereitgestellte Geräte und Verfahren ersetzt bzw. erleichtert worden (Tiefkühlkost, Waschmaschinen, Staubsauger). In den Fabriken und Bergwerken des 19. Jahrhunderts waren zwar schon massenhaft Frauen in Lohnarbeit beschäftigt, andere aber leisteten unbezahlte Familienarbeit. Jetzt gingen auch sehr viele von ihnen lohn- und gehaltsabhängige Beschäftigungsverhältnisse ein: ihre Arbeitskraft wurde nunmehr also ebenfalls kapitalistisch angewandt.

Vermehrung des Kapitals durch Akkumulation ist in der bisherigen Geschichte mit zunehmendem Materialumsatz verbunden: Der Erde werden (Roh-)Stoffe entnommen, sie werden verarbeitet und bleiben nach ihrer Benutzung meist als Artefakte (oder deren Überreste) übrig: Gebäude, aber auch Abstoffe im Boden, in den Gewässern und in der Atmosphäre.

Eine weitere, mit dem zunehmenden Materialumsatz verbundene Tendenz der Akkumulation lässt sich an der von Karl Marx vorgenommenen Unterscheidung von *variablem* und *konstantem* Kapital darstellen. Variables Kapital besteht aus den Löhnen. »Variabel« heißt es, weil seine Höhe von der Verteilung des Ertrags eines kapitalistischen Unternehmens (gesamtgesellschaftlich: des Volkseinkommens) zwischen dem Eigentümer und den dort Beschäftigten abhängig ist. Das konstante Kapital besteht aus Rohstoffen, Maschinen und Anlagen. »Konstant« ist es, weil sein Wert (oder Preis) nicht von den Verteilungsauseinandersetzungen bestimmt wird. (Die Löhne können zwar niemals unter das Existenzminimum sinken, doch dieses ist nicht nur physio-

logisch, sondern auch durch ein »historisch-moralisches«
Moment bestimmt. Zwischen ihnen und den Gewinnen
besteht gesamtgesellschaftlich und im einzelnen Unternehmen ein Wechselverhältnis: je geringer der eine Bestandteil
des Volkseinkommens, desto höher ist der andere.) Mit der
Akkumulation werden Menschen, die bisher außerhalb des
Kapitalismus beschäftigt waren, in diesen als Lohnarbeitende
einbezogen. Gleiches gilt für den Stoffumsatz: Materialien,
die vorher naturbelassen waren oder in nichtkapitalistischer
Produktion verwendet wurden, werden zu »konstantem Kapital«. Dieses lässt sich in weiteres Mal unterscheiden: sofern
es restlos in das fertige Produkt eingeht, nennt Marx es »konstantes *zirkulierendes* Kapital«. Bleibt es aber erhalten (zum
Beispiel Maschinen, die sich nur allmählich abnutzen), heißt
es konstantes *fixes* Kapital. Eine bisher feststellbare Tendenz
kapitalistischer Entwicklung und damit der Akkumulation
besteht in der ungleichmäßigen Wachstumstendenz von
konstantem und variablem Kapital: Ersteres dehnt sich
schneller aus als letzteres. Marx spricht hier von einem »allgemeinen Gesetz der kapitalistischen Akkumulation«. (Marx
1975: 640-740)

Da Akkumulation ein Prozess ist, hat sie – und damit der
Kapitalismus – von Anfang an eine Geschichte. Aufgrund
dieser Tatsache nimmt diese Gesellschaft immer neue Formen
an. Sie kann deshalb nie nur in ihrer Struktur, sondern sie
muss zugleich historisch dargestellt werden.

II. Geschichte

1. Eine Vorgängergesellschaft: Der Feudalismus

Der Kapitalismus, der heute nahezu über die gesamte Welt verbreitet ist, begann in einer im Vergleich dazu kleinen Region: in Teilen Südeuropas (Italien), in den Niederlanden und Großbritannien. Immer wieder wird darüber diskutiert, weshalb er hier und nur hier seinen Ausgangspunkt hatte. Dabei geriet die Vorgängergesellschaft in den Blick: der europäische Feudalismus.

Darunter verstehen wir die für Nord-, West-, Mittel- und Südeuropa typische Gesellschaft des 6. bis 15. Jahrhunderts n. Chr. (im Folgenden: u. Z.; v. Chr. = v. u. Z.), in der die Eigentümer an Grund und Boden sich den Teil der Erzeugnisse der bäuerlichen Nichteigentümer, den diese nicht für sich selbst benötigten, durch nichtökonomischen Zwang aneigneten.

Die hier vorgeschlagene Periodisierung: 500 bis 1500, ist sehr grob. In Wirklichkeit gab es Feudalismus in Frankreich noch bis 1789, in Deutschland noch am Beginn des 19. Jahrhunderts, in Russland bis zur Bauernbefreiung von 1861, in Japan bis zum Beginn der Meji-Periode (1868).

Grundlage von Produktion und Konsumtion im Feudalismus war – wie auch schon in den Jahrtausenden seit dem Übergang zu Ackerbau und Viehzucht ca. 8000 v. u. Z. – die Landwirtschaft. Ihr Spezifikum wurde seit dem 8. Jahrhundert u. Z. die Dreifelderwirtschaft. Hier wechselten der Anbau von Sommergetreide, Wintergetreide und Brache ab. In dem Maße, in dem sich dies durchsetzte, erhöhte sich die Produktivität.

Die Sozialstruktur des Feudalismus ist durch das Verhältnis von grundbesitzendem Adel und landlosen Bauern bestimmt. Das zentrale Eigentum war das Eigentum an Grund und Boden (Grundherrschaft). Dabei sind grundsätzlich zwei Arten von Abhängigkeit der Bauern vom Adel zu unterscheiden:

1. Die Leibeigenschaft. Die Bauern arbeiteten auf dem Hof des Herrn, dem Fronhof, unter Aufsicht (Fronarbeit). Von den antiken Sklaven unterschieden sie sich dadurch, dass sie nicht gekauft oder verkauft werden konnten, also keine Waren gewesen sind.

2. Um das Jahr 1000 geriet die Fronhofverfassung in eine Krise. Adlige, die östlich der Elbe »kolonisierten« – d. h. die dort wohnenden Slawen unterwarfen und sich das Land aneigneten –, boten Bauern die Gelegenheit, in einem neuen Rechtsverhältnis für sie zu arbeiten: eigenständig auf Land, das dem Adligen gehörte. Für die Nutzung des Grundes und Bodens hatten die Bauern Abgaben und Arbeitsleistungen (»Dienste«) zu erbringen. Diese Form der Abhängigkeit hatte es im Westen auch schon vorher – neben der Arbeit auf den Fronhöfen – gegeben. Ihr Vordringen brachte jetzt die Aufhebung der Leibeigenschaft.

Die Abgaben wurden in festen Stückzahlen, nicht an-
teilsmäßig (anders als bei Kirchenzehnten), erhoben.
Eine Bauernfamilie, die ihre Abgaben geleistet hatte,
durfte alles behalten, was sie darüber hinaus produzierte.
Dies war ein Anreiz zur Produktivitätssteigerung und
könnte eine der Voraussetzungen für das im 13. Jahrhundert sichtbar werdende Wachstum, das sich in der
Entwicklung der Städte ausdrückte, sein.
Durch die Fixierung der Abgaben waren die Einkünfte des
Adels begrenzt. Dies war Resultat einer relativ starken Stellung
der Bauern nach der Aufhebung ihrer Leibeigenschaft. Sie
konnten sich leicht ihren Herren entziehen. Hinzu kam
noch, dass diese kaum die Mittel hatten, den tatsächlich erwirtschafteten Ertrag der einzelnen Bauernhöfe und deshalb
einen ihnen etwa zustehenden »Anteil« zu messen. Zuweilen
setzte der Adel seine Waffen für Beute ein: auf Kreuzzügen
(der erste fand 1096 statt) nicht nur nach Palästina, sondern
auch durch Landnahme des Deutschen Ordens in Ost-
und Westpreußen und im Gebiet der heutigen baltischen
Staaten. 1204 wurde Konstantinopel von Kreuzfahrern er-
obert. Es geriet dabei unter den Einfluss von Venedig, das
von diesem Stützpunkt aus Handelsverkehr mit Asien (bis
hin nach Indien) betrieb. Die europäischen Waren, die dabei
angeboten wurden, sind vor allem in Oberitalien, in Nord-
westeuropa und in Süddeutschland erzeugt worden.
   Es gibt Anzeichen dafür, dass die landwirtschaftlichen Er-
träge durch einen Klimawandel ca. 1300 sanken: es scheint
kälter geworden zu sein. Überdies wirkte die 1347 von
venezianischen oder genuesischen Schiffen eingeschleppte
Pest verheerend. Beides führte zu einem Bevölkerungsrückgang, der auch das Arbeitskräftepotential, welches das Mehrprodukt für den Adel bereitstellte, schmälerte.

Die Krise des – von Sozial- und Wirtschaftshistorikern so genannten »Chaotischen Langen 14. Jahrhunderts« (1300 – 1450) wurde abgeschlossen und verschärft, als 1453 die Türken Konstantinopel eroberten. Damit war der bisherige Handelsweg nach Indien versperrt.

Zwei Wege führten aus der Krise:

- die Reorganisation der Herrschaft durch eine neue Staatsform, den Absolutismus;
- die Öffnung neuer Handelswege: die Portugiesen erschlossen die Route um Afrika herum, die Spanier entdeckten Amerika – beides kurz vor 1500.

Damit begann ein erster Typ des Kapitalismus: der Handelskapitalismus (ca. 1500 – ca. 1780).

2. Elemente des Übergangs vom Feudalismus zum Kapitalismus (1200 – ca. 1780)

Zwischen 1100 und 1492 (dem Jahr der spanischen Landnahme in Amerika) hat sich die feudale Gesellschaft aufgrund ihrer eigenen inneren Dynamik so umgestaltet, dass in ihr die Voraussetzungen zur Entstehung einer neuen – der kapitalistischen – Gesellschaft bereitlagen: Einige dieser Voraussetzungen sollen im Folgenden betrachtet werden.

Die Städte

Städte hat es in verschiedenen vorkapitalistischen Gesellschaften gegeben: nicht nur im Feudalismus, sondern auch in der orientalischen Despotie und in der Antike.

Im Feudalismus dehnten sich seit dem 12. Jahrhundert Marktflecken zu größeren Kommunen aus. Von den Feudalherren wurden ihnen Stadtrechte zuerkannt. Frühere antike

Städte wurden revitalisiert. Als Stadtgründer fungierten in der Regel Feudalherren und Bischöfe. Ihre Einkünfte bezogen sie mehrheitlich aus den Abgaben von Bauern außerhalb. Von dorther kam auch Mehrprodukt, das an in der Stadt ansässige kleinere Adlige geliefert wurde. Das Wachstum dieser Kommunen hatte also zunächst seine Quelle nicht in innerstädtischer Akkumulation, sondern in den ländlichen feudalen Abgaben. Ihre Empfänger – Adel und Geistlichkeit – waren große Konsumenten, deren Bedarf durch Handwerk, Lokal- und Fernhandel, zuweilen auch durch Geldleihe gedeckt wurde. Dadurch entstanden Einkommen für Gewerbetreibende. (Sombart 1987 I,1: 142-154) In dem Maße, in dem deren Gewinne und Investitionen den Städten eine eigene ökonomische Basis verschafften, konnten viele von diesen größeren Kommunen sich im 12. und 13. Jahrhundert relative Autonomie gegenüber ihren adligen Stadtherren sichern. Einige Kommunen wurden in Deutschland reichsunmittelbar: sie waren nur der Hoheitsgewalt des Königs bzw. Kaisers unterstellt.

Die mittelalterlichen Städte hatten eine innovative ökonomische Bedeutung bis zum Ende des 15. Jahrhunderts. Danach stagnierten sie in Italien und Mitteleuropa, besonders in Süddeutschland, aus vier Gründen:

Erstens: der nun entstehende absolutistische Staat beschnitt ihre Rechte.

Zweitens: Die Pest 1347 ff. hatte ihre Einwohnerzahl und die Nachfrage nach ihren Waren gesenkt.

Drittens: Mit der Eroberung Konstantinopels 1453 verloren jene Städte, die – über Genua und/oder Venedig – am Warenverkehr mit dem Orient partizipiert hatten, diese Möglichkeit. Die neuen Handelswege – um Afrika herum und nach Amerika – wurden nun in neuen staatlichen Zusammenhängen erschlossen: durch die Monarchien Kastiliens und Portugals, die republikanischen Niederlande und Großbritannien.

Viertens: Der Versuch der Städte, Handel und Produktion in ihren Mauern zu konzentrieren, führte dazu, dass neue Formen der Herstellung und Verteilung – Manufaktur, Verlagswesen, später auch die Industrie – nicht in erster Linie innerhalb ihrer Mauern, sondern auf dem Land angesiedelt waren.

Das Handwerk

Im städtischen Handwerk bildete sich teilweise eine Klassenstruktur heraus, die für den späteren Kapitalismus typisch war: wenn ein Meister nicht nur einen oder wenige Gesellen beschäftigte, sondern viele. Diejenigen Gesellen, die keine Chance mehr hatten, selbst Meister zu werden, bildeten als »Altgesellen« eine eigene Schicht, die dem späteren Proletariat vergleichbar gewesen ist. In großen Handwerksbetrieben mit vielen Gesellen wurde bereits Mehrwert produziert. Dieser dürfte aber nicht den gesamten Gewinn ausgemacht haben: hinzu kamen die Auswirkungen der Organisation der Handwerker in Zünften, die ihnen erlaubten, das Angebot durch Regulierung so knapp zu halten, dass der Preis dadurch höher lag als die Summe aus Produktionskosten und Mehrwert – eine Art Monopolpreis.

Verlag und Manufaktur

Das *Verlagswesen* entstand im 14. und 15. Jahrhundert, aber erst vom 16. Jahrhundert an hatte es größere Bedeutung.

Seine Voraussetzung war das Handwerk, aber nicht mehr in Zünften, sondern als Heimarbeit von selbständigen Handwerkern, die ihre Produkte nicht länger selbst verkauften, sondern dies durch einen Kaufmann – den »Verleger« – besorgen ließen. Zuweilen lieferte er ihnen auch die Rohstoffe und/oder das Halbzeug ohne Bezahlung, sodass sie bis zur Anfertigung und Abgabe ihrer eigenen Erzeugnisse seine Schuldner waren. Wenn er das Endprodukt bei ihnen abholte, zog er von dem Preis, den er zu zahlen hatte, die Kosten für seine eigene vorangegangene Lieferung ab. Den weiteren Vertrieb besorgte er auf eigene Rechnung.

Das Verlagswesen hatte vier verschiedene Ausgangspunkte:

Erstens das Handwerk selbst. Wenn ein bestimmtes Produkt als Endergebnis des Zusammenwirkens verschiedener Handwerker entstand, lag es nahe, dass der Letzte in dieser Reihe den Vertrieb übernahm.

Ein zweiter Ausgangspunkt konnte das Kapital eines Kaufmanns sein. Dieser erwarb Rohstoffe und Halbzeug, verteilte sie an die Handwerker und holte die Waren dann bei ihnen ab. Er war also von Anfang an im Verhältnis zu den Handwerkern ein Kapitalist.

Drittens: Als sich stehende Heere herausbildeten (seit der zweiten Hälfte des 15. Jahrhunderts), ging von diesen eine große Nachfrage aus. Soweit die von ihnen benötigten Waren dezentral gefertigt wurden, übernahm ein Heereslieferant ihren Ankauf bei den Handwerkern und ihren Verkauf an die Armeen.

Viertens: Die Fürsten hatten das »Bergregal«. Ihnen gehörten alle Bodenschätze. Diese wurden von formell selbständigen Bergleuten gefördert. Wenn ein Fürst verschuldet war, konnte er das Regal an seine Gläubiger verpachten. Sie nahmen den Bergleuten die von diesen geförderten Montanprodukte ab und verkauften sie. Die Gläubiger »verlegten« also die Bergleute.

Im Verlagswesen wurde Mehrwert produziert, allerdings nicht durch Lohnarbeiter, sondern durch formell Selbständige: die Heimarbeiterinnen und Heimarbeiter. In den Gewinn ihres Verlegers mögen noch andere Elemente eingegangen sein: Ausnutzung einer Monopolsituation dort, wo er der einzige Anbieter war, und von Intransparenz des Marktes.

Der Verlag war eine neue Vertriebs-, aber keine neue Produktionsform. Eine neue Art des Herstellens brachte dagegen die *Manufaktur*. Sie entwickelte sich als einflussreiche Produktionsform im 16. und 17., hatte ihre weiteste Verbreitung im 18. Jahrhundert, war aber im Unterschied zum Verlag nie dominant.

In der Manufaktur wurden unselbständige Arbeitskräfte in einem Haus oder mehreren Häusern zusammengefasst. Sie ist im Grunde genommen schon eine Fabrik, in der die Energie aber noch nicht von Wasserkraft, Dampf, Elektrizität oder Verbrennungsmotor geliefert wird, sondern von den Menschen selbst. Es herrscht schon die für spätere moderne Industrie typische Arbeitsteilung vor. Arbeiterinnen und Arbeiter fertigen (lat. facere) von Hand (lat. manus) Teile des Produkts, die von anderen dann zusammengefügt werden.

Fernhandel und Handelskapital

Bevor wir uns nun dem Handel zuwenden, kehren wir noch einmal kurz zu unseren definitorischen Überlegungen zurück.

Man kann fünf Kapitalsorten unterscheiden:
- Warenhandlungskapital (Gewinn = Handelsspanne),
- Geldhandlungskapital (Gewinn = Zins),
- Industriekapital (Gewinn = Differenz zwischen Produktionskosten und Verkaufspreis von vor allem in Fabriken und Bergwerken hergestellten Gütern),

- Dienstleistungskapital (der Gewinn dürfte im Wesentlichen mit der Art des Gewinns des Industriekapitals vergleichbar sein),
- Börsenspekulationskapital (der Gewinn besteht weniger aus den Dividenden, die mit dem Gewinn des Geldhandlungs-, Industrie- und Dienstleistungskapitals identisch sind, als aus positiven Kursdifferenzen).

Das Warenhandlungskapital ist das älteste Kapital und war schon in der Antike bekannt. Einen Einbruch erlitt es mit der Spaltung des früheren antiken Handelsraums durch das Vordringen des Islam seit der zweiten Hälfte des 7. Jahrhunderts.

Seit dem 11. Jahrhundert erholte sich der Handel wieder, und zwar so sehr, dass der französische Mittelalter-Historiker Jacques Le Goff sogar von einer »kommerziellen Revolution« spricht. (Le Goff 1993: 12 f.)

Ursache war auch hier die gestiegene agrarische Arbeitsproduktivität. In den Städten, die sich nun ausbreiteten, sowie zwischen ihnen und in ihrem Umland entstand Lokalhandel. Ab dem 8. Jahrhundert waren viele der seit der Antike bekannten Fernhandelswege durch das Vordringen der Araber und des Islam im Süden weitgehend verschlossen. Jetzt sind sie wieder geöffnet worden. Aus dem Mittelmeer wurden die Sarazenen verdrängt, aus der Nord- und Ostsee die Wikinger.

1211 taucht erstmals der Begriff »Kapital« auf, und zwar in der Bedeutung »Fonds, Warenbestand, Geldmasse oder zinstragendes Geld«. (Braudel 1990 II: 249)

In diesen Zusammenhang gehört die allmähliche Durchsetzung der doppelten Buchführung, Sie war am Ende des 15. Jahrhunderts schon weit verbreitet.

Der europäische Handel nahm jetzt eine Dreiecksstruktur an: Vom Tuch-Produktionszentrum im Nordwesten verliefen

die Handelswege einerseits bis nach Venedig, andererseits bis
in die großen Handelsstädte des Nordens: Bremen, Bres-
lau, Danzig, Hamburg, Lübeck, Rostock, Stettin, Stralsund,
Wismar.

Letzter Bezugspunkt dieser Handelswege war jeweils
Byzanz (Konstantinopel), wo Waren aus der islamischen
Welt und Indien – Pfeffer und andere Gewürze (Spezereien),
Baumwolle, Seide – eingetauscht werden konnten.

Auch der Handel im Norden und Osten stand im Grunde
im Zeichen von Konstantinopel. Skandinavier trieben von
Kiew und Nowgorod aus Handel mit dieser Stadt.

Mit dem Warenverkehr war immer wieder ein Aus-
einanderfallen von Lieferung und Zahlung verbunden.
Damit ergab sich die Möglichkeit des Geldhandlungs-
kapitals: des Verleihens von Geld (= Kredit) und der
Rückzahlung mit einem Aufschlag (Zins). So wurde Geld
selbst zur Ware. Wenn es zum Zweck seiner Vermehrung
in der Hand des Gläubigers ausgeliehen wurde, nahm es
die Eigenschaft von Kapital an. In Italien entstanden die
ersten Banken. Im 14. und 15. Jahrhundert wurden Hilfs-
mittel für den Handel entwickelt, die es auch heute noch
gibt: Versicherungen (zunächst vor allem für die durch
Seenot und Piraterie gefährdeten Schiffsfrachten) und
Wechsel. Spätestens im 14. Jahrhundert entwickelt sich »in
den Städten Pisa, Venedig, Florenz, Genua, Valencia und
Barcelona« das Börsenwesen (Braudel 1990 II: 99; für 1409
ist in Brügge eine Warenbörse belegt). Wer sich Staatspapiere
(= Schuldscheine von Staaten), Anteile an einer Handels-
gesellschaft, einem Schiff oder einem Bergwerk kaufte, besaß
damit eine Vorform der späteren Aktien.

Durch den Handel stieg der Bedarf an den Edelmetallen,
aus denen Geld bestand: Gold und Silber. Dies führte zu

einer Belebung des Bergbaus, durch den diese gewonnen wurden. (Als Surrogat gab es vereinzelt schon Papiergeld.)

In den Handelsgewinn ging zweierlei ein:

- erstens Mehrwert aus dem Verlagswesen, dem Großhandwerk und der Manufaktur,
- zweitens ein Aufschlag auf intransparenten oder vermachteten Märkten.

Die Entdeckungen

In Europa war die mit frühkapitalistischen Elementen versetzte Feudalgesellschaft seit dem »Chaotischen 14. Jahrhundert« von einer ständigen krisenhaften Entwicklung geprägt:

1. Klimaänderung 1300 ff. und Pest 1347 ff. führten zu einem Bevölkerungsrückgang. Den Feudalherren standen weniger Arbeitskräfte zur Verfügung, der Absatzmarkt von Verlagswesen, Handwerk und Kaufmannskapital war eingeschränkt.
2. Die (Teil-) Emanzipation der Bauern und der Städte ließ das Mehrprodukt, das sich der Adel aneignete, schrumpfen.
3. Der zentrale Bezugspunkt für den Fernhandel, Konstantinopel, war seit 1453 verloren.

Der Adel reagierte auf die Einengung seiner Möglichkeiten durch eine Offensive gegen Städte und Bauern. Östlich der Elbe wurde um 1500 die Leibeigenschaft innerhalb der nun errichteten Gutsherrschaft eingeführt, westlich der Elbe erhöhten die Grundherren die Abgaben, eigneten sich das Gemeindeland (die »Allmende«) an und hoben die so genannten »Gemeinheiten« (gemeinsame Nutzungsmöglichkeiten für alle Bewohner einer ländlichen Region) zu ihren Gunsten auf.

Auf der iberischen Halbinsel wirkte sich die Krise des »Langen 14. Jahrhunderts« zunächst in gleicher Weise aus wie in Mittel- und Westeuropa. Eine Besonderheit der gesellschaftlichen Struktur Iberiens war die im 15. Jahrhundert abgeschlossene »Reconquista«, die Beseitigung der maurischen Herrschaft mit Waffengewalt. Führende Akteure waren dabei der Adel und die Krone – letztere jeweils als zentrale Staatsmacht von Aragon und Kastilien sowie von Portugal, die sich in diesen Auseinandersetzungen herausgebildet hatte. Sie hatten das politische und militärische Potential für einen gewaltsamen Ausbruch aus der Krise: durch die überseeischen Entdeckungen und Eroberungen.

Deren Finanzierung allerdings wurde durch einen italienischen Stadtstaat gewährleistet: Genua.

Im Chioggia-Krieg gegen Venedig (1378–1381) hatte es diesem die Vorherrschaft über das östliche Mittelmeer und damit über den Orienthandel überlassen müssen. Schon damals aber verfügte Genua über große Goldvorräte, die nun anderweitig investiert wurden. Hierfür boten sich die militärischen Unternehmungen der iberischen Monarchien – zunächst gegen die Mauren und in Nordafrika, dann in Übersee – an.

Zu den wissenschaftlichen Voraussetzungen der Entdeckungen gehören 1440–1540 jene Umwälzungen in der Astronomie, die teils von Notwendigkeiten der Navigation durch Beobachtung der Sterne angeregt wurden, teils unabhängig von diesen entstanden, aber von ihnen genutzt worden sind.

Die Konditionierung des Individuums

Mit dem Übergang vom Feudalismus zum Kapitalismus vollzog sich auch eine Umformung der Menschen selbst.

Die Einstellungswandlung, die damals begann, führt Max Weber auf den Calvinismus zurück. (Weber 1988) Angst um das je individuelle Seelenheil habe zum Kampf um innerweltliche Bewährung, die als Zeichen der Auserwähltheit begriffen wurde, geführt. Die Reformation des 16. Jahrhunderts trug seiner Auffassung nach zur neuen Konditionierung des Individuums in hohem Maße bei. Später, nachdem der Kapitalismus erst einmal durchgesetzt war, wurde die religiöse Motivation durch den »Sachzwang« ersetzt.

In seinem Buch »Über den Prozess der Zivilisation« analysiert Norbert Elias die Instanzen und Vorgänge, die eine neue Kultur der Selbstzucht und Eigenverantwortung herbeiführten. Ein Ausgangspunkt war das Selbstbild des höfischen Personals, das dann in die entstehende bürgerliche Gesellschaft projiziert wurde. Zu den Instanzen, die zur Disziplinierung beitrugen, gehörte der Staat. (Elias 2001)

Michel Foucault hat schließlich die Verinnerlichung dieser Zwänge analysiert: als einen Vorgang, an dessen Ende die Menschen nicht mehr formell einer äußeren Macht unterworfen sein müssen, um doch deren Postulate auszuführen – als Ergebnis ihres eigenen Willens. (Foucault 1969; Foucault 1976; Foucault 1978; Foucault 1983; Foucault 2002)

Absolutismus

Ganz offensichtlich wären einige der bis hierhin beschriebenen Prozesse – u. a. die Transformation der Individuen und die außereuropäische Expansion – nicht denkbar gewesen ohne eine neue Machtinstanz: den modernen Staat in Form des Absolutismus.

Basiswissen

Politik / Geschichte / Ökonomie

Stand dieses Angebots: Frühjahr 2023

PapyRossa Verlags GmbH & Co. KG
Luxemburger Str. 202, 50937 Köln
Tel. (02 21) 44 85 45
mail@papyrossa.de
www.papyrossa.de

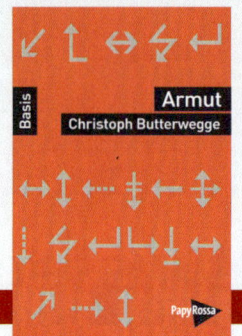

Christoph Butterwegge
Armut
5., akt. Aufl. | 143 Seiten, € 9,90 [D]
ISBN 978-3-89438-625-2

Klaus Müller
Inflation
132 Seiten, € 12,- [D]
ISBN 978-3-89438-806-5

Jürgen Leibiger
Wirtschaftswachstum
138 Seiten, € 9,90 [D]
ISBN 978-3-89438-607-8

Klaus Müller
Boom und Krise
126 Seiten, € 9,90 [D]
ISBN 978-3-89438-640-5

Klaus Müller
Arbeitslosigkeit
126 Seiten, € 9,90 [D]
ISBN 978-3-89438-766-2

Klaus Müller
Die Rente
134 Seiten, € 9,90 [D]
ISBN 978-3-89438-760-0

Klaus Müller
**Lohnarbeit
und Arbeitslohn**
131 Seiten, € 9,90 [D]
ISBN 978-3-89438-667-2

Klaus Müller
Das Geld
127 Seiten, € 9,90 [D]
ISBN 978-3-89438-784-6

Klaus Müller
Profit
134 Seiten, € 9,90 [D]
ISBN 978-3-89438-606-1

Klaus Müller
Monopole
124 Seiten, € 9,90 [D]
ISBN 978-3-89438-731-0

G. Binus / B. Landefeld / A. Wehr
**Staatsmonopolistischer
Kapitalismus** | 2. Aufl.
131 S., €9,90, ISBN 978-3-89438-561-3

Stefan Bollinger
Lenin
Theoretiker, Stratege,
marxistischer Realpolitiker
147 S., € 9,90, ISBN 978-3-89438-656-6

Dieser entstand

1. im Zusammenhang mit neuen Anforderungen, denen sich feudale Gesellschaften bei ihren Außenbeziehungen ausgesetzt sahen, und

2. aufgrund innerer Konflikte.

   a. Im Hundertjährigen Krieg zwischen der englischen und der französischen Krone und deren jeweiligem Adel (1337 – 1453) bildeten sich sowohl in England als auch in Frankreich zentrale Staatsgewalten heraus, bedingt durch die Notwendigkeit der Aufbringung großer militärischer Mittel. Um diese zu finanzieren, mussten Anleihen aufgenommen werden. Für die Rückzahlung wurden den Gläubigern bis zur völligen Begleichung die Abgaben, die an den König zu zahlen waren, übertragen. Dies waren die Anfänge der modernen Steuern.

   b. Einnahmenrückgang des Adels in ganz Europa veranlasste diesen zwar ab dem 15. Jahrhundert, den Druck auf Bauern und Städte zu erhöhen, er war aber nicht stark genug, aus eigener Kraft dezentral seinen Willen gegen sie durchzusetzen. Erfolg hatte er schließlich erst, als sich eine zentrale Staatsgewalt herausbildete: auf der iberischen Halbinsel, in England und Frankreich jeweils als großer Flächenstaat, in Deutschland als Territorialfürstentümer. Um seine ökonomischen Ansprüche an Bauern und Städte zu sichern, musste der Adel seine politische und militärische Souveränität an die Krone delegieren.

Der Begriff »Absolutismus« leitet sich aus dem Anspruch der Monarchen ab, »legibus absolutus« – den Gesetzen nicht unterworfen – zu sein.

Nunmehr erst entstanden geschlossene Staatsgebiete,

mit einer zentralen Staatsgewalt und einem Staats»volk« (im
Sinne von Bevölkerung als Untertanen).

Einheit

1. der Herrschaft
2. des Territoriums
3. der Untertanen

wurde, was den dritten Punkt angeht, auch als Einheit der
Religionszugehörigkeit (in Deutschland nach der Losung des
Augsburger Religions- und Landfriedens 1555: »cuius regio,
eius religio«) verstanden. Seit der Reformation war sie nicht
mehr selbstverständlich, sondern wurde staatlich erzwungen.
Dies brachte eine nunmehr auch staatlich gesetzte Verschärfung der Unterdrückung einer Menschengruppe mit
sich, die bislang schon religiös diskriminiert worden war: der
Juden. In Spanien wurden sie im 15. Jahrhundert grausam
verfolgt.

Da die Staatsgewalt auf ein hohes Steueraufkommen angewiesen war, war sie an einer Förderung von gewerblichen
Geldeinkommen interessiert. Die auf den Binnenmarkt aus-
gerichtete Wirtschaftslehre des Absolutismus – die erste geschlossene Wirtschaftslehre in der Geschichte überhaupt –
war der Merkantilismus.

Allerdings wurden die führenden handelskapitalistischen
Länder im 16. und 17. Jahrhundert – die Niederlande und
Großbritannien – und das Land, in dem im 18. Jahrhundert
die Industrielle Revolution durchbrach, Großbritannien,
nicht absolutistisch regiert. Jedoch übernahmen sie vom Absolutismus ein wichtiges Element moderner Staatlichkeit: die
Trennung von Staat und Gesellschaft, wobei die Exekutive
stark genug war, um einerseits gesellschaftliche Prozesse in
Richtung Kapitalismus zu begünstigen und diesen zugleich
als mögliche Gesellschaftsordnung zu unterbinden.

Die militärische Revolution

In ähnlicher Weise ist die Durchsetzung der Feuerwaffen im
14./15. Jahrhundert (Parker 1990) – z. B. im Hundertjährigen
Krieg zwischen England und Frankreich – zu beurteilen. Sie
hat in folgender Weise zur Herausbildung des Kapitalismus,
wie sie sich konkret historisch vollzogen hat, beigetragen:

- In den absolutistischen Staaten verfügte die Krone mit
  ihnen über Instrumente zur Unterordnung des Adels und
  der Städte.
- Bei der »europäischen Welteroberung« und bei der
  Sicherung handelskapitalistischer Interessen insbesondere
  der Niederlande und Großbritanniens wurden Feuerwaffen eingesetzt.
- Durch Artillerie, moderne Befestigungswerke und stehende Heere wurden Kriege kostspieliger. Die Staaten
  waren zur Vergabe von Anleihen gezwungen, deren Rückzahlung durch Steuern, die zunächst an die Gläubiger zu
  entrichten waren, erfolgte.

»Agrarrevolutionen«

Der wachsende Ausstoß von nichtagrarisch erzeugten Waren,
die durch das Handelskapital zirkuliert wurden, setzte eine
Steigerung der Arbeitsproduktivität in der Landwirtschaft
voraus, die über das bereits durch die Dreifelderwirtschaft
Erreichte hinausging. Nach dem Modell der – später erst –
von Johann Heinrich von Thünen (1783–1850) (Thünen
1990) entdeckten »Ringe«waren um das nicht-agrarische
Produktions- und Handelszentrum des 16.–18. Jahrhunderts – Flandern und Amsterdam – die folgenden Land-
wirtschaftsbereiche angeordnet:

1. Die Intensivzone. Dies waren die Niederlande (einschließlich Flanderns) selbst.

2. Die Meiereiwirtschaft zur Milchproduktion in den Nord-
   seemarschen. Hinzu kam die holsteinische Koppelwirt-
   schaft. Hier war die gesamte landwirtschaftliche Fläche
   in »Koppeln« eingeteilt, die nacheinander als Getreide-
   land (vor allem zum Füttern des Viehs) und Weidefläche
   genutzt waren.

3. Getreidezone. Sie lieferte Roggen und Weizen für das
   Brot aus dem ostelbischen Deutschland und Polen.

4. Die Weidezone für die Fleischproduktion: Jütland, die
   dänischen Inseln, Schonen, ja sogar Teile Russlands.

5. Die Liefergebiete für Zucker, Baumwolle, Kaffee, Tee
   und Kakao in Amerika, Indien und der Insulinde (Indonesien). (Kriedte 1980: 39; zur Bedeutung der überseeischen Liefergebiete vgl. Hobsbawm 1997 I: 26)

Aus der so bedingten Transformation der Landwirtschaft ergaben sich neue Agrarverfassungen:

- In Deutschland östlich der Elbe entstand seit ca. 1500 die
  »Zweite Leibeigenschaft« (Friedrich Engels). Die bislang
  freien Bauern wurden zu Landarbeitern auf den Gütern
  adeliger Großgrundbesitzer gemacht. Letztere ließen Getreide für den Export produzieren. Die Gutsherrschaft
  trat an die Stelle der früheren Grundherrschaft.

- In England begannen um 1470 die »Enclosures«: Allmende wurde zum Privateigentum des Adels, der dieses
  einhegen (»enclose«) ließ und an auf großer Fläche
  wirtschaftende Unternehmer für die Produktion von
  Schafwolle und Getreide verpachtete. Die freien Bauern
  verloren ihr Land und damit ihre bisherige Existenz-
  grundlage, einige von ihnen wurden lohnabhängige
  Landarbeiter.

Diesen gewaltsamen Vorgang bezeichnete Karl Marx als »Ur-
sprüngliche Akkumulation«. (Marx 1975: 741-802) Bereits

im 17. Jahrhundert kann man Großbritannien in der Landwirtschaft als eine kapitalistische Gesellschaft (Agrarkapitalis-
mus) mit drei Hauptklassen bezeichnen: Landlords, Pächter
(middle class), Lohnarbeiter. Die Landlords bezogen Pacht
(»rent«), die Pächter Profit, die Arbeiter Lohn. In Übersee
entstand Plantagenwirtschaft mit Sklavenarbeit.

3. Vorindustrieller Kapitalismus (1500 – ca. 1780)

Handelskapitalismus

Die zentrale Art von Kapital zwischen 1500 und 1780 war
das Kaufmannskapital mit seinen beiden Unterformen: dem
Warenhandlungskapital (Marx 1976: 278-291) und dem
Geldhandlungskapital. (Ebd.: 327-334) Die typische Form
des Gewinns wurde der Handelsgewinn auf intransparenten
und/oder vermachteten Märkten. Eine besondere Form war
hier der Zwangshandel (Sombart 1987 II,1: 680): der un-
gleiche Tausch zwischen europäischen Zentren und ihren
Herrschafts- und Einflussgebieten in Übersee (darunter auch
Sklavenhandel).

   Da Lohnarbeit noch keine prägende Tatsache war, gab
es Anwendung von Kapital im Wesentlichen zwar in der
Zirkulationssphäre, aber nur untergeordnet in der Produktion selbst: der Kapitalismus hatte die Produktion noch
nicht durchgehend erfasst. In den Worten von Karl Marx: es
handelte sich um »die bloß formelle Subsumtion der Arbeit
unter das Kapital«. (Marx 1975: 533)

Die wichtigsten Waren

Insgesamt wurden in Europa vier Sorten von Waren durch
das Handelskapital bewegt:

1. Textilien, vornehmlich für den gehobenen Bedarf (der Massenverbrauch wurde zu großen Teilen noch durch Eigenarbeit oder im Handwerk gedeckt);
2. Luxusgüter (einschließlich Sklaven) für die Oberschicht;
3. Gegenstände des staatlichen Militärbedarfs;
4. für den Massenkonsum in den Handelszentren, die nicht mehr aus ihrem unmittelbaren Umland landwirtschaftlich versorgt wurden: Getreide und (in geringerem Umfang) Schlachtvieh.

Die so folgenreiche Erfindung des Buchdrucks wurde zunächst handwerklich und in Manufakturen genutzt.

Erzeugnisse der kapitalistischen Landwirtschaft waren: Getreide als Massenkonsumgut für den Binnenmarkt und Wolle und Leinen als Rohstoff für Textilien, die in erster Linie in den Export gingen.

Die Kredit- und Handelszentren

Es fällt auf, dass die ersten führenden Entdecker- und überseeischen Exploitationsstaaten – Portugal und Spanien – keine eigenen Handels- und Kreditzentren ausgebildet haben. Die Edelmetalle, die sie aus Amerika holten, bildeten Tauschmittel für Handelswaren, die über Antwerpen – diese Stadt war das europäische Zentrum in der ersten Hälfte des 16. Jahrhunderts (Braudel 1990 III: 152-167) – zirkuliert wurden. Doch trotz der Zufuhr von Gold und Silber aus Amerika über Iberien blieb die neue Metropole auf die Kredite von Bankiers angewiesen: der Fugger in Augsburg. (Ebd.: 153; 158; 160 f.) Dies gilt umso mehr, als der Beitrag Portugals nicht in erster Linie aus Edelmetallen bestand, sondern aus Schiffsladungen mit Pfeffer, Muskatnüssen und anderen Gewürzen, die in Antwerpen gegen Rheinwein, Kupfer und Silber getauscht wurden. Die Nachfolgerin

Antwerpens als Zentrale, Genua (1557–1627; vgl. ebd.:
167-185), verdankt diese Stellung ausschließlich ihrem Einfluss als Bankenstadt. Danach übernimmt Amsterdam (Ebd.:
187-303) seit dem zweiten Drittel des 17. Jahrhunderts die
Position als Vorort, jetzt allerdings in einer Doppelfunktion:

1. Zunächst ist es die Handelsmetropole der damaligen
   Welt und hält diese Position bis zum Aufstieg Londons
   ca. 1700.
2. Danach bleibt es für den größeren Teil des 18. Jahrhunderts die wichtigste Kreditgeberin, finanziert u. a.
   Frankreich im Krieg um die Vorherrschaft in Nordamerika und auch die nordamerikanischen Unabhängig-
   keitskämpfe gegen Großbritannien. Spätestens mit dem
   Untergang der französischen Monarchie und damit eines
   wichtigen Schuldners, der zugleich eine Art militärischer
   Arm der Niederlande gegen Großbritannien gewesen war,
   verliert Amsterdam seine Stellung als Finanzmetropole
   an London. (Arrighi 1996: 142-144.)

Überseeische Herrschaft

In Übersee errichteten die stärksten europäischen Mächte
zumeist nicht formelle Kolonien (Ausnahme: Amerika),
sondern Handelsstützpunkte, von denen aus auch eine
politische und militärische Durchdringung der betreffenden
Region erfolgte. So begann zum Beispiel die Besiedlung des
südlichsten Afrika durch Niederländer, nachdem im Auf-
trag der niederländischen Ostindischen Kompagnie (Ver-
eenigde Oostindische Compagnie, VOC) 1652 Kapstadt
als Zwischenstation (für die Aufnahme von Proviant) auf
dem Weg nach Indien gegründet worden war. Während die
ökonomischen Operationen von Handelsgesellschaften vorgenommen wurden, erfolgte deren Unterstützung durch die

Waffengewalt ihrer jeweiligen Staaten (Niederlande, Großbritannien, Frankreich). Die Rechtsformen der überseeischen
»Besitzungen« waren verschiedenartig: u. a. Krongut (z. B.
in Lateinamerika) oder Privateigentum der Handelsgesellschaften, über das jedoch die Staatsgewalt des jeweiligen
europäischen Landes hoheitlichen »Schutz« ausübte. Von
dort aus wurde dann die weitere Durchdringung des Landes
vorgenommen. Die Binnenstruktur der kolonisierten Gebiete ist zunächst nicht angetastet (Ausnahme: Amerika),
sondern von den Europäern für ihre eigene Herrschaft genutzt worden.

Internationale Ordnung

Im 16. Jahrhundert setzte sich die Seeherrschaft Großbritanniens gegen Spanien durch (1588: Sieg über die
spanische Armada). Die Navigationsakte von 1651 schaltete
den niederländischen Zwischenhandel aus: Im- und Ex-
porte nach bzw. aus England durften nur noch auf Schiffen,
die in England gebaut und zu mindestens 75 Prozent mit
Briten bemannt waren, transportiert werden. Im 18. Jahrhundert entschied Großbritannien eine nahezu weltweite
Auseinandersetzung mit Frankreich für sich: letzteres musste
sich nach dem Siebenjährigen Krieg (1756–1763), in dem
der preußische Absolutismus Friedrichs II. (mit britischen
Subsidien) Frankreich in Europa ebenso bekämpfte, wie
dies Großbritannien in Nordamerika selbst tat, aus Amerika
(mit Ausnahme Westindiens) zurückziehen. Gleichzeitig
verdrängte Großbritannien Frankreich auch aus Indien. Die
bald danach erfolgende Gründung der unabhängigen Vereinigten Staaten von Amerika beseitigte nicht die Handels-
und Finanzhegemonie Großbritanniens, die bis zum Ersten
Weltkrieg fortbestand.

Kontinentaler Absolutismus und
(quasi-)republikanische »Seestaaten«

Der Absolutismus war nur eine der beiden modernen Staats-
formen in der Periode des Handelskapitalismus. Er war
eine kontinentale Erscheinung: Frankreich, die deutschen
Territorialstaaten (insbesondere Preußen), Schweden, Russland. Zwar war er häufig militärisch aggressiv, innenpolitisch
aber war er ein Produkt der durch die Krone organisierten
Defensive des grundbesitzenden Adels.

Die kapitalistische Zukunft aber gehörte den Seestaaten:
den Niederlanden und (schließlich) Großbritannien. Sie
waren keine Demokratien, sondern wurden von einer
schmalen Schicht geleitet, die in den Niederlanden aus der
Verlags- und Handelsbourgeoisie bestand, in Großbritannien
– keiner Republik, sondern einer Monarchie mit (seit 1688)
Parlamentsherrschaft – von jener und dem zu einem erheb-
lichen Teil verbürgerlichten grundbesitzenden Adel.

Die fundierte Staatsschuld

Es war nicht der Absolutismus, sondern ein quasi-
republikanischer »Seestaat«, Großbritannien, der eine
Revolution der Staatsfinanzen (Braudel 1990 II: 581-585;
Braudel 1990 III: 416-421) durchführte und damit entscheidend zur Stabilisierung des Kapitalismus beitrug: zwischen 1688 und 1756 ersetzte es die »schwebende« durch die
»fundierte« Staatsschuld: Anleihen wurden nach ihrem Ab-
laufen nicht endgültig getilgt (sei es unmittelbar, sei es durch
Verpachtung von Einnahmen), sondern sie wurden erneuert
und waren im Übrigen handelbare Papiere. Wer dem Staat
Geld geliehen hatte, konnte dies jederzeit durch Verkauf der
Schuldverschreibung wiedererlangen. Die Verzinsung erfolgte
aus Steuern, die in der Folgezeit nicht mehr an Gläubiger

vergeben, sondern ausschließlich durch die staatliche Finanz-
verwaltung erhoben wurden. Damit war eine weitere Grundlage moderner Staatlichkeit – der ständige Staatskredit in der
Form, wie er bis heute besteht – geschaffen. Er befindet sich
in einem symbiotischen Verhältnis zur Mobilisierung privaten
Kapitals: einerseits wird dieses zur Staatsfinanzierung herangezogen, andererseits entstehen Wertpapiere, die staatlich
gedeckt und zwischen Privaten handelbar sind und die ihre
Rendite aus staatlichen Steuern beziehen.

Bürgerliche Revolutionen

1. Die Trennung der Niederlande von Spanien 1581–1621,
2. die englische Revolution 1640–1688,
3. die Lösung der nordamerikanischen Kolonien (ohne Kanada) von Großbritannien 1775–1783,
4. die französische Revolution 1789–1794

haben bei allen Unterschieden gemeinsam, dass in ihnen die
Verlags-, Handels- und Manufakturbourgeoisie (in Großbritannien auch der pachtbeziehende Adel) den Staat übernimmt und diesen in parlamentarischen, aber nicht demokratischen Formen (nur die Zahler der direkten Steuern
haben das aktive und passive Wahlrecht) regiert, wobei das
Budgetrecht, also die Selbstbesteuerung, den Kern der neuen
Machtverhältnisse im Vergleich zu den bisherigen Befug-
nissen der Krone bildet.

Dies galt auch für die Vereinigten Staaten von Amerika.
Die sklavenhaltende Pflanzerbourgeoisie sagte sich von der
britischen Verwaltung los, da sie zwar deren Besteuerung
unterlag, aber keinen Anteil an der Gesetzgebung hatte.
Nach der Unabhängigkeit war das Wahlrecht nicht an einen
Zensus gebunden, aber den freien Weißen männlichen
Geschlechts vorbehalten.

Die französische Revolution geht zeitweilig insofern darüber hinaus, als in einer Zwischenphase auch kleinbürgerliche, völlig besitzlose, ja protoproletarische Schichten an der Macht beteiligt sind. Im Thermidor 1794 wird sie aber auf das Normalmaß einer bürgerlichen Revolution unter den Bedingungen des Handelskapitalismus zurückgebracht.

Für die Geschichte der kapitalistischen Gesellschaft sind die niederländische, die britische und die nordamerikanische Revolution wichtiger: es sind Revolutionen von Staaten, die am sich entfaltenden Weltmarkt führenden Anteil haben. Die französische Revolution – eine Festlandsrevolution – hat Europa verändert, die niederländische, britische, nordamerikanische aber die Welt, bzw. sie waren kompatibel mit der Herausbildung eines weltweiten Handelskapitalismus: es handelte sich um Seestaaten-Revolutionen.

4. Industrielle Revolutionen

Definition

Um den Einschnitt zu ermessen, den die Erste[3] Industrielle Revolution bedeutet, mag es sinnvoll sein, sich zu vergegenwärtigen, welche gesellschaftlichen Bereiche vorher schon kapitalistisch waren, nämlich:

1. die Erzeugung von Getreide und Wolle in Großbritannien,
2. der Fernhandel,
3. das Kreditwesen.

---

3 Diese Zählung ist gebräuchlich geworden zur Unterscheidung von späteren technologischen Umwälzungen: der Durchsetzung von Verbrennungsmotor und Elektrizität an der Wende vom 19. zum 20. Jahrhundert und dem massenhaften Gebrauch von elektronischer Informationstechnologie seit der zweiten Hälfte des 20. Jahrhunderts.

Die Industrielle Revolution ist durch folgende Tatsachen bestimmt:

1. Die Ersetzung der handwerklichen und manufakturiellen Fertigung durch den Einsatz von Maschinen. Bis dahin hatte es über Jahrhunderte hin nur zwei Produktionsmaschinen gegeben: die Mühle und die Druckerpresse. Zumindest die Erzeugnisse der ersteren waren von geringer Bedeutung für Fernhandel und Handelskapital. Die Maschinen, mit denen die Industrielle Revolution begann: mechanische Spinnmaschinen und Webstühle, dagegen produzierten für den Weltmarkt. Von da ging eine weitere technologische Umwälzung aus.

2. Ersetzung der Muskelkraft von Tier und/oder Mensch als Hauptantriebskräfte zunächst vorwiegend durch Wasser-, dann durch Dampfkraft.

Beide Vorgänge (1 und 2) waren mit einer enormen Steigerung der Arbeitsproduktivität verbunden.

3. Vorrang der mithilfe von Maschinen hergestellten Waren gegenüber der landwirtschaftlichen Urproduktion (= Übergang von der Agrar- zur Industriegesellschaft).

4. Durchsetzung der Ware-Geld-Beziehung als Hauptform der horizontalen Verteilung.

5. Übergang von der außerökonomischen zur ökonomischen Aneignungsform in der vertikalen Verteilung durch die Lohnarbeit.

6. Es entsteht eine neue Ware: die Arbeitskraft, und ein neuer Markt: der Arbeitsmarkt.

7. Das Kapital erfasst die Produktion jetzt auch außerhalb der Getreidewirtschaft.

8. Herausbildung von zwei strukturbestimmenden Klassen: Arbeiterklasse und Bourgeoisie.

9. Der Mehrwert ist die dominante Gewinnform gegenüber dem Handels- und dem Innovationsgewinn. Dies
gilt für die Industrielle Revolution in höherem Maße als
für den Handelskapitalismus und die späteren Phasen
der kapitalistischen Entwicklung.

Periodisierung

Die Industrielle Revolution nahm ca. 1780 ihren Ausgang
von Lancashire in England. (Zur Datierung vgl. Hobsbawm
1997 I: 43f.) Ihre erste Phase dauerte bis ca. 1840. Haupt-
produkt waren aus Baumwolle (bzw. Barchent, einer Kombination aus Leinen und Baumwolle) hergestellte Textilien für
den Export.

Schon bald nach Großbritannien schloss sich Belgien der
Industriellen Revolution an, es absolvierte deren erste Phase
seit Anfang des 19. Jahrhunderts.

In deren zweiter Periode wurde der Eisenbahnbau zentraler
Sektor der Industrie mit dem Montanbereich (Kohle, Eisen,
später Stahl) und dem Maschinenbau als Zulieferern. Auf
diesem Gebiet wuchs auch die Bautätigkeit über den Status
des Handwerks hinaus und nahm industrielle Züge an.
Damit wurde – nach dem Getreideanbau – ein weiterer
Binnenmarkt eröffnet: der Investitionsgüterbereich. Die
Bauindustrie fing zunächst als Tiefbau an, ging aber zur Erstellung von massenhaftem, billigem und meist ungesundem
Wohnraum über. (Die Miete – der »Hauszins« – wurde zu
einer relevanten Einnahmequelle.) Nach wie vor aber gab es
keinen Massenmarkt für kapitalistisch erzeugte nichtland-
wirtschaftliche Konsumgüter.

Seit ca. 1830 begann die Industrielle Revolution in
Frankreich, in den deutschen Staaten und in den USA.
1853/54 erzwangen US-amerikanische Kanonenboote den

Zugang zum japanischen Markt. Die Meji-Dynastie (ab 1868) schaffte nun in einer Art Revolution von oben das Feudalsystem ab. Daraufhin entwickelte sich schnell eine eigenständige japanische Industrielle Revolution, die ca. 1920 abgeschlossen war.

Seit der Bauernbefreiung 1861 begann in Russland die Industrielle Revolution, die sich bis 1917 aber nur unvollkommen durchsetzte. In Skandinavien breitete sich diese Industrielle Revolution seit ca. 1870 aus.

Es ist sinnvoll, die Erste Industrielle Revolution zuweilen im Plural zu nennen: Industrielle Revolution*en*. Hiermit soll zum Ausdruck gebracht werden, dass der Initialzündung in Großbritannien weitere Industrialisierungen in anderen Ländern auf der gleichen technologischen Grundlage (vor der Zweiten Industriellen Revolution um die Wende vom 19. zum 20. Jahrhundert) folgten.

Die stofflichen Grundlagen

Der zentrale Rohstoff in der ersten Phasen der Industriellen Revolution bis 1840 war die Baumwolle. Danach waren die Montanprodukte Kohle, Eisen, Stahl die wichtigsten Grundlagen. Güter- und Personentransport sowie Information wurden durch die Eisenbahn sowie durch die Dampfschiffe, die im Laufe des 19. Jahrhunderts die Segelschiffe zu ersetzen begannen, beschleunigt. Prototechnologien (das sind Technologien, die zwar schon bekannt, aber noch nicht massenhaft angewandt werden) waren in der Mitte des 19. Jahrhunderts der Telegraph, die Gasbeleuchtung und die Agrikulturchemie. Die Fotografie wurde bald nach ihrer Erfindung, seit den fünfziger Jahren, die Grundlage für ein neues, zunächst noch gleichsam handwerklich betriebenes Gewerbe.

Die dominante Gewinnform

Die industriellen Gewinne wurden als »absoluter Mehrwert« erzielt: durch ständige Ausdehnung der Arbeitszeit.

> »Die Verlängerung des Arbeitstags über den Punkt hinaus, wo der Arbeiter nur ein Äquivalent für den Wert seiner Arbeitskraft produziert hätte, und die Aneignung dieser Mehrarbeit durch das Kapital – das ist die Produktion des absoluten Mehrwerts.« (Marx 1975: 532)

Zwischen ca. 1750 und 1830 gingen in Großbritannien »die Reallöhne um etwa ein Drittel bis zwei Fünftel zurück.« (Kuczynski 1964: 115)

Das räumliche Arrangement

Wie schon seit Beginn des 18. Jahrhunderts blieb auch im 19. Großbritannien die den Weltmarkt beherrschende Macht. Zu seinem – zunächst noch informellen – »Reich« (»Informal Empire«) gehörten Irland, aus dem es einen ständigen Strom von Arbeitskräften bezog, und Indien, letzteres als Rohstofflieferant und als Absatzmarkt (nachdem Großbritannien die eigenständige indische Textilfertigung ausgeschaltet hatte). Von 1775 bis 1819 führte Großbritannien mehrere Kolonialkriege in Indien, seit 1765 amtierte in Bengalen ein britischer Gouverneur in einem System der Doppelherrschaft (Dual Government), in dem zugleich einheimische Staatsgewalt fortexistierte.

Im den beiden Opiumkriegen (1840–1842; 1856–1858) wurde China gezwungen, seinen Markt für britische und indische Waren zu öffnen.

Australien, ab 1770 britischer Besitz, wurde von 1786 bis 1872 für Strafkolonien genutzt.

Der Versuch Großbritanniens, Afghanistan an Indien anzuschließen, scheiterte im (ersten) britisch-afghanischen

Krieg 1838–1842. In der Folgezeit entsteht in dieser Region ein Rivalitätsverhältnis zu Russland bei dem Versuch, Einfluss auf Afghanistan zu gewinnen (»The Great Gamble«). Für Großbritannien ging es dabei um die Ausweitung und Absicherung des indischen Besitzes, für Russland um Stabilisierung seines zentralasiatischen Territoriums.

Den Exportinteressen der überlegenen britischen Industrie entsprach eine Politik des Freihandels, mochte diese auch – wie 1846 die Abschaffung der Getreidezölle – zu Lasten der heimischen Landwirtschaft gehen. 1849 wurde die Navigationsakte von 1651 aufgehoben: britische Reeder und Schiffsbauer brauchten schon seit langem nicht mehr politisch gestützt zu werden.

Die britische Außenpolitik folgte
1. einer sicherheits- und
2. einer handelspolitischen Maxime:
Eine Politik des europäischen Gleichgewichts sollte das Entstehen einer kontinentalen Vormacht, die Großbritannien hätte bedrohen können, verhindern. Hierher gehört der Kampf gegen das napoleonische Frankreich.

Die Verteidigung der britischen Herrschaft auf den Meeren zwecks ungehinderten Handels und unangefochtenen Zugriffs auf die eigenen Einflussgebiete war Inhalt der zweiten – der handelspolitischen – Maxime britischer Außenpolitik. Diesem Zweck diente u. a. das Engagement im Krimkrieg (1854–1856): Großbritannien unterstützte das Osmanische Reich, um eine Beherrschung der Meerenge am Bosporus durch Russland zu verhindern. (Bereits seit 1704 war Gibraltar in britischem Besitz.)

In der Zeit der Industriellen Revolution entstand – über Großbritannien hinaus – das, was man viel später, im 20. Jahrhundert des Kalten Krieges – den »Westen« oder

die »Erste Welt« nannte: die am frühesten industrialisierten
Staaten, die den in Unterentwicklung verbleibenden Regionen mehr oder weniger ihre eigenen Bedingungen auf-
erlegen können.

Zur führenden Gruppe in der neuen Weltordnung gehörte auch der Verlierer der Auseinandersetzung mit Großbritannien im 18. Jahrhundert und in den napoleonischen
Kriegen: Frankreich. 1830–1847 eroberte es Algerien, in
dem französische Siedler nun eine Kornkammer für das
»Mutterland« einrichteten. 1858 beginnt Frankreich sich in
Indochina festzusetzen. 1859–1869 wurde vor allem mit
französischem Kapital der Suezkanal gebaut.

Das spanische Kolonialreich wurde ab 1810 durch
Revolutionen in Südamerika, aus denen selbständige Staaten
hervorgingen, weitgehend zerschlagen. Dies öffnete den
Halbkontinent für die Wirtschaftsbeziehungen zunächst vor
allem mit Großbritannien noch weiter als vorher.

1823 erklärte der Präsident der Vereinigten Staaten, James
Monroe, dass der amerikanische Kontinent nicht länger
Objekt europäischer Kolonisierung sein dürfe. (Monroe-
Doktrin)

Während die »frühen« Nationen (Spanien, Portugal,
Niederlande, Großbritannien, Frankreich) ihre Kolonialreiche bzw. überseeischen Einfluss-Sphären teils verloren
(Spanien), teils hielten (Portugal in Afrika, die Niederlande
in der Insulinde), teils ausdehnten (Großbritannien und
Frankreich), befanden sich andere Länder noch im Prozess
des »nation building«:

1. In Deutschland entstand erst 1871 ein einheitlicher
   Nationalstaat: ökonomisch erzwungen von der Industriellen Revolution, militärisch und politisch durchgesetzt durch Bismarcks »Revolution von oben«.

2. Italien wurde 1861–1870 unter Führung Piemonts zu einem einheitlichen Nationalstaat.

3. In den USA war zunächst praktisch eine gespaltene Ökonomie entstanden: Sklavenwirtschaft im Süden, freie Lohnarbeit im Norden. Der Bürgerkrieg 1861–1865 stellte erst einen einheitlichen Arbeitsmarkt her.

4. Belgien, das in der Vergangenheit verschiedenen anderen Staaten einverleibt war, wird 1830 unabhängig.

5. In der Schweiz wird 1848 die nationale Einheit in einem Krieg der stärker industrialisierten und liberal regierten Landesteile gegen einen »Sonderbund« von sieben agrarischen und katholischen Kantonen bestätigt und in einer neuen Bundesverfassung formuliert.

Staat und Politik

Die bürgerlichen Revolutionen noch im Handelskapitalismus hatten zur Beteiligung der Bourgeoisie an der Staatsgewalt geführt. Politischer Ausdruck dieser neuen Konstellation wurde der Verfassungsstaat mit Zensuswahlrecht und dem Budgetrecht des zunächst ausschließlich von der Kapitalistenklasse und älteren »Ständen« beschickten Parlaments. Wir finden ihn u. a. in Großbritannien (hier schmälerte 1832 eine Parlamentsreform den Vorrang der ländlichen, vom Grundbesitz beherrschten Wahlkreise), Belgien ab 1830/31, Frankreich unter der »Julimonarchie« (1830–1848).

Zwei Abweichungen sind bemerkenswert:

1. Formelle Demokratien wie die kurzlebige Zweite Republik in Frankreich von 1848 bis 1851 und die dritte französische Republik ab 1870, die USA sowie die Schweiz (»selbstverständlich« sind in allen diesen Ländern die Frauen vom aktiven und passiven Wahl-

recht ausgeschlossen). Hierher gehört auch eine allmähliche Demokratisierung des Wahlrechts in Großbritannien: ab 1867 können Arbeiter wählen, sofern sie
einen näher qualifizierten festen städtischen Wohnsitz
haben).

2. Konzentration der Staatsgewalt in der Exekutive, die
   sich teilweise legitimierender Plebiszite bediente, wie im
   Frankreich Louis Bonapartes (1851 Diktator, 1852–1870
   Kaiser; sein Herrschaftstyp wurde als »Bonapartismus«
   bezeichnet) oder als Monarchie keine Volkssouveränität
   akzeptierte, ihre Herrschaft aber durch eine oktroyierte
   Verfassung, Budgetrecht der Parlamente in den Ländern
   und auf zentraler Ebene modifizierte: so in Deutschland ab 1871, wo der nur mit eingeschränkten Befug-
   nissen ausgestattete Reichstag (keine parlamentarisch
   verantwortliche Regierung) sogar nach allgemeinem
   Männerwahlrecht zustande kam, während in den Ländern das Zensuswahlrecht galt.

Die skandinavischen Staaten entwickeln sich zu konstitu-
tionellen Monarchien nach britischem Vorbild.

Laut Eric Hobsbawm waren die entkolonialisierten
Staaten Lateinamerikas im dritten Viertel des 19. Jahrhun-
derts »die größte Ansammlung von Republiken in der Welt«.
(Hobsbawm 1997 II: 146. Deutsch: G. F.).

Bei allen nationalen Unterschieden stimmen die einzelnen politischen Ordnungen der bürgerlichen Gesellschaften
während der Industriellen Revolution in der Tendenz zu
einem Verfassungsstaat überein, der das Privateigentum
durch seine Rechtsordnung garantiert und so viel Demokratie zulässt oder verweigert, wie dies mit der kapitalistischen
Produktionsweise vereinbar ist.

Beginn der Wirtschaftszyklen

Seit dem Ausbruch der ersten britischen Wirtschaftskrise
nach den napoleonischen Kriegen verläuft die kapitalistische
Entwicklung bis heute in – oft ca. zehnjährigen – Zyklen, die
von Krisen oder doch einer deutlichen Verlangsamung des
Wachstums markiert sind.

Eine Krise ist der Rückgang des Sozialprodukts (die
Menge der in einem Jahr bereitgestellten Güter und Dienst-
leistungen) hinter den vorher gegebenen Stand aufgrund der
Tatsache, dass die Nachfrage geringer ist als das Angebot an
bereits erstellten Gütern und/oder Produktionskapazitäten
(Kapital und Arbeitskräfte).

Der Aspekt des Übergebots an Waren tritt in der
Überproduktionskrise
hervor, das Überangebot an Produktionskapazitäten in der
Überakkumulationskrise,
der Ausfall an kaufkräftiger Nachfrage als
Unterkonsumtionskrise.

In jedem Fall entsteht erhöhte Arbeitslosigkeit, häufig
Preisverfall (Deflation). Auch im vorindustriellen, also
dem Handelskapitalismus sind Ansätze von Wirtschafts-
zyklen zu beobachten (Braudel 1990 III: 76-79): als Preisschwankungen vor allem für Getreide und Luxusgüter. Es
gab sogar schon Spekulationsblasen, sei es für Tulpenzwiebeln
in den Niederlanden im 17. Jahrhundert, sei es für Papiergeld, das der Bankier John Law im 18. Jahrhundert durch
Anleihen auf französischen Kolonialbesitz in Nordamerika
ausgab. Preisverfall oder Platzen der Zahlungserwartungen
haben aber niemals die Gesamtheit der wirtschaftlichen
Vorgänge berührt. Dadurch unterscheiden sie sich von den
modernen Wirtschaftskrisen. Spekulative Einbrüche vor der
Industriellen Revolution lassen sich am ehesten noch mit

Preisverfall für einzelne Waren oder mit solchen Börsenkrächen vergleichen, deren Wirkung auf den Wertpapier- und Devisenhandel beschränkt bleibt, ohne die Volkswirtschaft als Ganze in Mitleidenschaft zu ziehen. Zuweilen gehen letztere einer allgemeinen Wirtschaftskrise und/oder lang dauernden Depression voraus (z. B. 1873 und 1929), doch muss dies nicht immer der Fall sein. (So hatte z. B. der US-amerikanische Börsenkrach von 1987 keine gesamtwirtschaftlichen Konsequenzen.) Ständig aber vollzog sich die ökonomische Entwicklung seit der Industriellen Revolution in einer Abfolge von kurz-, mittel- und langfristigen Zyklen, die mehr sind als nur Preisschwankungen – auch insofern brachte also diese Form des Kapitalismus ein neues Phänomen hervor.

Die drei Märkte und die Arbeitslosigkeit

In der Industriellen Revolution entstand neben den beiden bereits existierenden Märkten, nämlich

1. dem Markt für Güter und Dienstleistungen und dem
2. Kapitalmarkt, ein dritter Markt:
3. der Arbeitsmarkt mit einer neuen Ware: der Arbeitskraft. Sie setzt eine Menschenklasse voraus, die keine anderen Waren besitzt und deshalb auf den Verkauf ihrer einzigen Ware, der Arbeitskraft, angewiesen ist.

Geht in den zyklischen Krisen die Nachfrage nach Gütern, Dienstleistungen und Kapital zurück, tritt Arbeitslosigkeit ein. Auch sie ist eine völlig neue Tatsache, die in vorkapitalistischen Gesellschaften entweder überhaupt nicht oder nur in deren protokapitalistischen Enklaven bekannt ist.

Da die Arbeiterinnen und Arbeiter in der Industriellen Revolution über keinerlei Rücklagen verfügten, hatten sie während der Krisen wenig Möglichkeiten, ihre Ware

– die Arbeitskraft – zurückzuhalten, wenn die Unternehmer nicht die von ihnen verlangten Löhne zahlen wollten. Organisationen der Gegenwehr, die sie gründeten, waren deshalb oft kurzlebig. Die machtvollste unter ihnen war die Chartistenbewegung in England während der dreißiger und vierziger Jahre des 19. Jahrhunderts. (Thompson 1987)

Karl Marx meinte festgestellt zu haben, dass Arbeitslosigkeit nicht nur ein Ergebnis der Krisen ist, sondern der Kapitalakkumulation selbst: Aufgrund der Konkurrenz suchen die Unternehmer die Arbeitsproduktivität mithilfe von Maschinen zu steigern, wodurch Arbeitskraft erübrigt wird. Dasselbe Mittel wird auch zur Dämpfung von Lohnforderungen benutzt: Arbeiter(innen) werden durch Maschinen ersetzt.

> »Je größer der gesellschaftliche Reichtum, das funktionierende Kapital, Umfang und Energie seines Wachstums, also auch die absolute Größe des Proletariats und die Produktivkraft seiner Arbeit, desto größer die industrielle Reservearmee. Die disponible Arbeitskraft wird durch dieselben Ursachen entwickelt wie die Expansivkraft des Kapitals. Die verhältnismäßige Größe der industriellen Reservearmee wächst also mit den Potenzen des Reichtums. Je größer aber diese Reservearmee im Verhältnis zur aktiven Arbeiterarmee, desto massenhafter die konsolidierte Übervölkerung, deren Elend im umgekehrten Verhältnis zu ihrer Arbeitsqual steht. Je größer endlich die Lazarusschichte der Arbeiterklasse und die industrielle Reservearmee, desto größer der offizielle Pauperismus. *Dies ist das absolute, allgemeine Gesetz der kapitalistischen Akkumulation.* Es wird gleich allen andren Gesetzen in seiner Verwirklichung durch mannigfache Umstände modifiziert, deren Analyse nicht hierher gehört.« (Marx 1975: 673 f. Hervorhebung: Marx.)

Eine Arbeitslosigkeit von null Prozent gab es im Kapitalismus bisher nur in Ausnahmesituationen. Dieselbe Tatsache, die zu einer Nachfrage nach Arbeitskräften führt, die Akkumulation, führt auch zur Arbeitslosigkeit, nämlich dann,

wenn nicht in Löhne, sondern in Maschinen investiert wird.
Ein gewisser – schwankender, aber so gut wie nie dauerhaft
auf Null gehender – Satz von Arbeitslosigkeit hält Lohnsteigerungen in Grenzen. Deshalb kann angenommen werden,
dass in der gesamten Geschichte des Kapitalismus die Lohnquote – das ist der Pro-Kopf-Anteil der Löhne am Volkseinkommen – nicht gestiegen ist.

Zur Sozialstruktur der Industriellen Revolution, insbesondere deren erster Phase, gehören auch die Sklaven in den
US-amerikanischen Baumwollplantagen: sie ernteten den
grundlegenden Rohstoff der für diese Periode zentralen Textilbranche: Baumwolle. Der Fang von Sklaven in Afrika, ihr Verkauf nach Amerika und ihr Einsatz auf den Feldern nahmen in
dem Maße zu, in dem die Nachfrage nach Baumwolle anstieg.
Zeitgleich mit dem Beginn der Industriellen Revolution, also
seit ca. 1780, befand sich die »Sklaverei auf dem Vormarsch«.

5. Organisierter Kapitalismus und Entstehung des Ersten Imperialismus (1873–1914)

Große Depression und wirtschaftliche Wechsellagen

Mit der Wirtschaftskrise von 1873 war die Industrielle Revolution in Großbritannien, Mittel- und Westeuropa abgeschlossen. Jetzt traten die kapitalistischen Gesellschaften in
eine Periode verlangsamten wirtschaftlichen Wachstums ein
(bis ca. 1895), in der die Abschwünge steil, die Aufschwünge
schwach waren: die Große Depression. (Rosenberg 1967)
Nicht schon die Zeitgenossen, aber spätere Analytiker entdeckten anhand dieses Phänomens die Tatsache der über die
Zyklen hinausreichenden »Wirtschaftlichen Wechsellagen«
(Kondratieff 1926; Spiethoff 1955) oder Langen Wellen.

Ausgangspunkt der Krise von 1873 und der Großen Depression war der Zusammenbruch des Kapitalmarktes für Eisenbahnaktien und die Erschöpfung des Eisenbahnbaus als Wachstumssektor. Davon wurde in gleichem Maße die Montanindustrie betroffen. Die Verbesserung der Transportwege (Eisenbahn und Dampfschiffahrt) setzte die Getreideproduktion unter Konkurrenzdruck. Durchgehende Begleiterscheinung der Depression war ein lang währender Preisverfall (Deflation).

Die stofflichen Grundlagen

Hatte die Baumwolle die stoffliche Grundlage für die erste Phase der Industriellen Revolution gebildet, Kohle und Eisen für die zweite, so waren die Hauptstoffe in der ab 1873 beginnenden neuen Phase des Kapitalismus weiterhin Kohle sowie der Stahl. Ab ca. 1900 wurde diese Basis durch die Elektro- und Chemieindustrie ausgedehnt, wobei die Elektrizität in der Regel aus Kohle erzeugt wurde.

Die breite Anwendung der von Justus Liebig (1803–1873) entwickelten Agrikulturchemie erhöhte die Produktivität der Landwirtschaft so sehr, dass das von Thomas Malthus formulierte Gesetz über das Missverhältnis zwischen generativer und Bodenfruchtbarkeit in den Industrieländern außer Kraft gesetzt war.

Nach wie vor war die Bauindustrie ein expandierendes Gewerbe, zumal auch die öffentlichen Aufträge (Verwaltungssitze, Schulen, Kasernen, Gefängnisse) zunahmen. Die Geschwindigkeit beim Transport von Menschen und Waren wurde weiterhin durch die (nun schneller werdende) Eisenbahn bestimmt, bei der Informationsübermittlung durch eine neue Technologie: den Telegrafen und das Telefon, deren Benutzung im Wesentlichen der öffentlichen Verwaltung, dem Militär und wenigen sehr vermögenden Haushalten vorbehalten blieb.

In der Entwicklung der stofflichen Grundlagen des Kapitalismus nahmen die USA jetzt eine Sonderstellung ein: Was in Europa allenfalls noch Prototechnologie war, ist dort teilweise schon industriell umgesetzt worden. Dies gilt für die Zergliederung von Arbeitsvorgängen im (nach einem US-amerikanischen Ingenieur benannten) Taylor-Verfahren, das Fließband, die Elektrifizierung und das Automobil (bereits 1908 brachte Henry Ford das »T-Modell« als künftiges Massenprodukt heraus). In Europa begann man zwar ebenfalls Ende des 19. Jahrhunderts mit der Elektrifizierung, diese war aber dort erst in den zwanziger Jahren abgeschlossen.

Insgesamt gab es nun folgende Industriezweige:
aus der ersten Phase der Industriellen Revolution nach wie vor
1. die Textilindustrie,
aus der zweiten Phase der Industriellen Revolution:
2. die Montanindustrie,
3. den Maschinenbau,
4. die Bauindustrie,
sowie als neue Industrien im Organisierten Kapitalismus:
5. die Chemie- und
6. die Elektroindustrie.

Die Organisierung des Kapitals

Der Kapitalismus ging verändert aus der Großen Depression hervor. Das Stichwort für seinen neuen Zustand hat Jahrzehnte später Rudolf Hilferding gefunden: »Organisierter Kapitalismus«. (Hilferding 1982)

Dabei wurden sowohl das Kapital als auch die Arbeit »organisiert«.

Beginnen wir mit der Organisierung des Kapitals.

Dieser Vorgang kann zumindest im Ansatz noch durch Begriffe erklärt werden, die Marx im ersten Band des »Kapital« entwickelt hat, obwohl das empirische Material nicht auf dem Organisierten, sondern dem Konkurrenzkapitalismus beruhte:

Die Industrielle Revolution war stark durch die *Konzentration* von Kapital gekennzeichnet. Darunter verstand Marx die Einbeziehung von bislang nichtkapitalistisch angewandten Arbeitskräften, Materialien und Finanzmitteln in die kapitalistische Produktion. (Marx 1975: 653 f.) Jetzt wird sie in einigen Ländern durch die *Zentralisation* ergänzt: die Zusammenfassung bereits gebildeter Kapitale. (Ebd.: 653-657) Hinzu tritt aber auch eine neue Form der Konzentration: die Zusammenlegung von bislang nicht kapitalistisch genutzten Finanzmitteln in großkapitalistisch wirtschaftenden Aktiengesellschaften. Diese Addition ist zwar schon aus den Handelsgesellschaften des späten Mittelalters und der frühen Neuzeit bekannt, jetzt aber erfolgte sie in weit größerem Maßstab, bezog auch vergleichsweise kleine Beträge ein und vollzog sich unter industriekapitalistischen Bedingungen.

Die Organisierung des Kapitals bestand
1. in der Selbstorganisierung des Kapitals,
2. in der Unterstützung dieser Selbstorganisierung durch den Staat.

Zentraler Vorgang der neuen Organisierung des Kapitals war seine weitgehende Monopolisierung durch Kartelle, Konzerne und Trusts. Dadurch wurden die Konkurrenz und so auch die von den frühen Kritikern des Kapitalismus beobachtete »Anarchie« von Produktion und Vertrieb eingeschränkt.

Die Konzentrationsvorgänge unterschieden sich in den USA und in Zentraleuropa. In den Vereinigten Staaten überwog die vertikale Konzentration in Trusts: Zusammenfassung möglichst der gesamten Fertigungstiefe und des Vertriebs in einer Hand. Dagegen bildete sich in Kontinentaleuropa die horizontale Konzentration – Zusammenfassungen auf der gleichen Fertigungsebene in einem Industriezweig – heraus. (Arrighi 1996: 286 f.)

Die Monopolisierung erfasste zunächst die Montanindustrie. Die ab der Jahrhundertwende an Boden gewinnende Elektroindustrie hatte von Anfang an eine zumindest oligopolistische Struktur (in Deutschland: AEG und Siemens). Die ebenfalls »neue« Chemieindustrie begann ihre Monopolisierung später, nämlich im Ersten Weltkrieg.

Ein Zentralisationsprozess fand auch bei den Banken statt. Durch Aktienemissionen, Kredite, Beteiligungen und die Wahrnehmung von Aufsichtsratsmandaten gewannen diese überdies Kontrolle über das – seinerseits zentralisierte – Industriekapital. Daraus entstand ein neuer Kapitaltyp, den Rudolf Hilferding so beschrieb:

> »Ich nenne das Bankkapital, also Kapital in Geldform, das auf diese Weise in Wirklichkeit in industrielles Kapital verwandelt ist, das Finanzkapital.« (Hilferding 1968: 309)

Die Monopolisierung wurde dort, wo sie stattfand, von den Staaten seit den siebziger Jahren durch Schutzzölle unterstützt. Sie wurden auch für Getreide erhoben. Der Beeinflussung des Staates dienten Unternehmerverbände (für den Agrarbereich Verbände für die Wahrnehmung der landwirtschaftlichen Interessen).

Die hier beschriebene Organisierung des Kapitals war allerdings auf die USA sowie Zentral- und Westeuropa beschränkt. Anders als in der Industriellen Revolution gab es jetzt nicht mehr nur einen einzigen Typ des Kapitalismus, sondern fünf:

1. In den USA kam es zur Monopolisierung, die aber vom Staat nicht gefördert, sondern zeitweilig (in der »Progres-

sive Era« unter Präsident Theodore Roosevelt 1901–1909)
sogar bekämpft wurde (durch Interventionen für Preiskon-
trolle, Verbraucherschutz sowie vereinzelte, wenngleich er-
folglose, Initiativen zur Entflechtung).

2. Der west- und mitteleuropäische Kapitalismus entsprach
dem Typ des Organisierten Kapitalismus, in Deutschland mit der Besonderheit eines starken Einflusses des
nichtindustriellen Großgrundbesitzes.

3. Großbritannien dagegen behielt die nichtmonopolistische
und freihändlerische Kapitalismusvariante bei.

4. Der Kapitalismus in den skandinavischen Ländern zeich-
nete sich durch einen geringen Konzentrations- und
Zentralisierungsgrad, das Fehlen von einflussreichem
Großgrundbesitz und die Kooperation von selbständigen
Bauern und Arbeiterbewegung bei der Einflussnahme auf
den politischen Prozess aus.

5. Ein fünfter Typ des Kapitalismus fand sich in den Ländern der nachholenden Industriellen Revolution: Japan,
Russland, Lateinamerika. Das hierfür notwendige Kapital wurde in einigen dieser Staaten in der Form von Aus-
landsanleihen bezogen. In Japan bildete sich eine besondere Unternehmensorganisation heraus: die »Zaibatsus«
waren Konzerne mit breiter Produktpalette sowie eigenen
Banken und arbeiteten eng mit dem Staat zusammen.

Vorherrschende Gewinntypen im monopolistischen Kapitalismus waren Mehrwert, Innovationsgewinne, Monopol-
gewinne und die Ergebnisse von ungleichem (bzw. Nicht-)
Tausch mit den Kolonien (letztere waren auch typisch für
den nichtmonopolistischen britischen Kapitalismus). Letzterer mag privatwirtschaftliche Vorteile gebracht haben, die
aber oft geringer wogen als der öffentliche Aufwand, der zu
ihren Voraussetzungen gehörte.

Die Organisierung der Arbeit

Die bislang kurzlebigen Arbeiterbewegungen der Industriellen Revolution wurden nun durch stabile Organisationen ersetzt: Gewerkschaften und sozialdemokratische Parteien.

Der Kapitalismus selbst ist eine Arbeitskraft-Organisierung, die – da die Ausgaben für Arbeitskraft Kosten für die Unternehmer (in der Marxschen Terminologie: variables Kapital) sind – somit auch einen Teil der Organisierung des Kapitals darstellt. Es findet also eine doppelte Organisierung der Arbeitskraft statt:

1. durch die Unternehmer (Ziele: Gewinne; Sicherung der Souveränität der Unternehmer über den Produktionsprozess und dessen gesellschaftliche und politische Voraussetzungen),

2. durch Gewerkschaften und Arbeiterparteien (Ziele: hohe Löhne, Verkürzung der Arbeitszeit, gesellschaftlicher und politischer Einfluss zur Erreichung dieser Zwecke und/oder zur Beseitigung der Lohnabhängigkeit).

Der Beitrag der Öffentlichen Infrastruktur zur Politischen Ökonomie der Arbeit und des Kapitals

Qualifizierung und Schutz der Arbeitskraft waren auch Aufgabe einer nun verstärkten öffentlichen Infrastruktur: Das (Volks-)Schulwesen wurde ausgebaut, kommunale Abwasser- und Frischwasserleitungen verbesserten die Hygiene, städtische Gas- und Elektrizitätswerke sorgten für beleuchtete Wohnungen und Straßen. An den Flüssen wurde verstärkt Hochwasserschutz angebracht, die Netze für die ersten Telefone und die Telegrafenverbindungen wurden in der Regel von der staatlichen Post eingerichtet (wobei die Geräte und Kabel von Privatunternehmen hergestellt und verkauft worden sind). Ebenso wie die Arbeitsschutzbestimmungen und die Unfall- und Krankenversicherung trugen sie zur Politischen Ökonomie der Arbeitskraft bei: sie lagen im Interesse der Lohnabhängigen. Bereits 1864 hatte Marx im Rückblick auf die gesetzliche Einführung des Zehnstundentages durch das Unterhaus interpretiert: »Zum ersten Mal erlag die politische Ökonomie der Mittelklasse in hellem Tageslicht vor der politischen Ökonomie der Arbeiterklasse.« (Marx 1968: 11) Zugleich waren sie Teil der Politischen Ökonomie des Kapitals, und zwar nicht nur in dem Sinn, dass Geld, das für Löhne ausgegeben wird, in der betriebswirtschaftlichen Rechnung ebenfalls Kapital ist (mag der Kapitalbegriff da und dort auch enger gefasst, nämlich auf Anlagen, Rohstoffe und Halbzeug beschränkt werden). Öffentliche Nahverkehrssysteme sowie die Eisenbahnen erhöhten die Mobilität der Arbeitskraft und erleichterten den Transport von Rohstoffen, Halbzeug und fertig gestellten Waren. Einzelne Großunternehmen (z. B. Krupp in Essen) banden Stammbelegschaften durch die Bereitstellung von Werkswohnungen an sich.

Zur Begriffsklärung: Der zentrale Begriff in der Politischen Ökonomie des Kapitals ist der Gewinn, in der Politischen Ökonomie der Eigentümer der Ware Arbeitskraft tritt an seine Stelle der Lohn, einschließlich des so genannten intertemporalen Lohns (= Rente), der Lohnersatzleistungen (Arbeitslosen- und Krankengeld, Zahlungen aus der Unfallversicherung) und steuerfinanzierter staatlicher Leistungen, die der Qualifizierung und Reproduktion der Arbeitskraft dienen (u. a. Schulen, Krankenhäuser).

Die überregionalen Transportsysteme, verbreitete Schulbildung, staatlich geförderte naturwissenschaftlichtechnische Forschung und Qualifizierung sowie die Forschungen auf dem Gebiet der Hygiene dienten zugleich militärischen Zwecken.

Staat und Politik

Der Staat im Organisierten Kapitalismus (wir erinnern uns, dass dieser Kapitalismustyp nur einer unter mehreren anderen gewesen ist) war:

1. Marktgarant durch Gesetzgebung und Gewährleistung von Rechtssicherheit,
2. marktbeschränkender Absatzgarant durch Zölle,
3. Verteidigungs- und Expansionsakteur,
4. Reproduktionsakteur (Schule, Arbeitsschutzgesetzgebung, Altersbeschränkung bei der Heranziehung von Minderjährigen zur Erwerbsarbeit, spezifischer Gesundheitsschutz für arbeitende Frauen, Gesetze über Sozialversicherung),
5. finanzieller und institutioneller Förderer von naturwissenschaftlich-technischer Grundlagenforschung,
6. Beschaffer und Erschließer von Ressourcen,
7. Instanz für die Gewährleistung nicht gewinnträchtiger Infrastruktur (zum Beispiel durch die Verstaatlichung vormals privater Eisenbahnen, u. a. auch zu Militärzwecken),
8. Abnehmer (z. B. Rüstung).

Er war in der kapitalistischen Welt nun durchgehend ein Nationalstaat, in dem sich – von Land zu Land verschieden und häufig verzögert, ja blockiert – Demokratisierungsprozesse vollzogen. In den meisten Staaten hatten die Frauen kein Wahlrecht. »Vor 1914 war es auf nationaler Ebene nirgendwo erreicht worden mit Ausnahme von Australien, Finnland und Norwegen, außerdem in einer Anzahl von US-amerikanischen Bundesstaaten und in begrenztem Maß in der örtlichen Selbstverwaltung.« (Hobsbawm 1997 III: 213. Deutsch: G. F.)

Beginn der Großen Transformation

Die zunehmende infrastrukturelle und sozialpolitische Aktivität des Staates veranlasste den Nationalökonomen Adolph Heinrich Gotthilf Wagner (1835–1917) zur Formulierung des »Gesetzes der wachsenden Ausdehnung der Staatstätigkeit« (Wagnersches Gesetz). Er wertete diese Entwicklung als Kulturfortschritt. Jahrzehnte später, in einem 1944 erstmals erschienenen Buch, sah Karl Polanyi seit den siebziger Jahren des 19. Jahrhunderts den Beginn einer »Great Transformation«, in der Geld, Boden und Arbeit ihres Warencharakters entkleidet und unter gesellschaftliche Verfügung gestellt würden. (Polanyi 1978) In der Zeit bis 1914 kann lediglich von verstärktem Schutz und einer größeren sozialen Einbettung der Arbeitskraft, die aber unverändert eine Ware blieb, die Rede sein.

Imperialismus

Der Nationalstaat blieb politische Instanz kapitalistischer Interessenwahrnehmung. Durch Schutzzölle (Ausnahme: Großbritannien) förderte er Monopolisierungen, die zum dritten Mal im 19. Jahrhundert zu Kapitalüberschuss führten:

1. Der erste Überschuss war in der baumwollverarbeitenden Industrie entstanden und daraufhin in Eisenbahnbau und Montanindustrie investiert worden.
2. Die Große Depression hatte Kapitalüberschuss durch die Reduktion bisheriger Anlagemöglichkeiten geschaffen.
3. Die Monopolisierungen führten zu Monopolgewinnen, die nicht ausschließlich auf dem Binnenmarkt investiert werden konnten.

Die Tendenzen Nr. 2 (Großbritannien, USA, Mittel- und Westeuropa, Österreich-Ungarn) und 3 (in den Ländern des Organisierten Kapitalismus) führten zu gesteigertem Kapitalexport in Form von Anleihen insbesondere in den überseeischen Einflussgebieten. Um deren Investition zu kontrollieren, ihre Verwendung durch Aufträge an Firmen aus den Gläubiger-»Mutter«ländern sowie ihre Rückzahlung zu sichern, gingen mehrere Industriestaaten nun dazu über, diese Einflussgebiete unmittelbar unter ihre eigene staatliche Hoheit zu stellen, als Protektorate und Kolonien. Ein weiteres Motiv war die Stützung von Siedlergebieten, die im Zuge der Auswanderung während der Industriellen Revolution entstanden waren. (Für den britischen Kolonialpolitiker Cecil Rhodes war die Förderung einer solchen Auswanderung eine Präventivmaßnahme gegen eine etwaige soziale Revolution – ein Denken, das in der Phase nach der Industriellen Revolution populär wurde, sich aber noch auf demographische Daten aus den Jahrzehnten vor 1870 stützte.)

Diese neue Kapitalstrategie war der Imperialismus. Er ist die systematische und konkurrierende Ausdehnung der Herrschaft von Industriestaaten über nicht oder nur geringfügig industrialisierte Gebiete in Form von

- Kolonien,
- neu einverleibten Teilen des Staatsgebietes,
- Einfluss-Sphären

zwecks

- Bezug von Rohstoffen,
- Waren- und Kapitalexport und
- Besiedelung.[4]

Diese Art versuchter Außendominanz hochentwickelter kapitalistischer Gesellschaften war typisch für die Jahrzehnte bis 1945. Danach nahm sie andere Formen an. Zur Unterscheidung von ihnen wird sie hier als »Erster Imperialismus« bezeichnet.

---

4   Zum Imperialismus vgl. Hobson 1970, Lenin 1961, Luxemburg 1985.

Der Nationalstaat wurde zur Basis seiner Ausweitung zu übernationalen »Imperien«.

Entstehung und Entwicklung des Imperialismus waren mit – zum Teil kriegerischen – Konflikten verbunden.

1. Zunächst ist hier die Bekämpfung von Gegenwehr der indigenen Bevölkerungen in den Kolonien und Protektoraten zu nennen.

2. Die imperialistische Expansion tangierte die Interessen der – teils kolonialen, teils nichtkolonialen – Reiche, die in der frühen Neuzeit entstanden waren (Osmanisches Reich, Spanien, Portugal).

3. Die Kolonien waren auch Gegenstand von Konflikten zwischen den imperialistischen Mächten.

4. 1880 holten die USA Großbritannien im Anteil an der Weltproduktion ein (beide: 28 Prozent). 1890 hatten sie mit 31 Prozent Großbritannien (22 Prozent) überflügelt. 1900 betrug der Anteil der Vereinigten Staaten 31 Prozent, der Großbritanniens 18 und der Deutschlands 16. Die Verschiebungen haben das Konfliktpotenzial zwischen den größten Industriemächten allerdings zumindest vordergründig nicht vergrößert. Doch schlossen Frankreich und Großbritannien 1904 ein Militärbündnis (»Entente Cordiale«), das 1907 durch den Beitritt Russlands zur »Triple Entente« erweitert wurde.

Die imperialistischen Gegensätze ließen bis zum Ersten Weltkrieg eine währungspolitische Gemeinsamkeit unberührt: den Goldstandard. Er hatte sich zu Beginn dieser Periode herausgebildet. Alle Währungen der großen Industriestaaten waren durch Gold gedeckt. Erst in der folgenden Periode wurde diese Grundlage durch die Kriegsfinanzierungen zerstört.

6. Kriege und Krisen (1914–1945)

Die Periode 1914–1945 in der Geschichte des Kapitalismus, von Eric Hobsbawm als das »Katastrophenzeitalter« bezeichnet, (Hobsbawm 1999: 35-281) ist charakterisiert durch

- die Fortsetzung der imperialistischen Ordnung, die sich jetzt aber im offenen inneren Konflikt befindet: zwei Weltkriege (1914/18; 1939–1945);
- ökonomische und politische Anpassungskrisen im Übergang vom Ersten Weltkrieg zum Frieden 1918–1923, darunter eine Hyperinflation (Geldentwertung) in Deutschland mit einer Zerstörung aller Geldvermögen,
- wenige Jahre der Stabilität in Mittel- und Westeuropa 1924–1928,
- einen langen Aufschwung in den USA bis 1929,
- die Weltwirtschaftskrise 1929–1933,
- die Etablierung faschistischer Ordnungen in Italien (1922), Deutschland (1933) und Österreich (1934) sowie von Diktaturen in Bulgarien, Kroatien, Polen, Rumänien, Spanien, Polen, Portugal, Ungarn, von denen ein Regime – die deutsche Diktatur – mit dem Judenmord die bis dahin normierten Zivilisationsstandards durchbricht,
- die Zweite Industrielle Revolution: Elektrizität und Verbrennungsmotor überwinden den Status von Prototechnologien und werden die Basis dominanter Industriezweige,
- die Entwicklung eines enormen technischen Destruktionspotentials,
- eine enge Verbindung zwischen Kapital und Öffentlicher Hand in den beiden Weltkriegen, in Auswertung der

Weltwirtschaftskrise und bei der Einführung neuer technologischer Versorgungssysteme (Elektrizität und Telekommunikation),

- die Einengung der räumlichen Erstreckung des Kapitalismus durch einen sozialistischen Staat (Sowjetrussland) sowie die Ausdehnung von dessen Einflussbereich auf Ost- und Mitteleuropa im Laufe des Zweiten Weltkriegs.

Zu den bislang schon klassisch gewordenen kapitalistischen Gewinnformen (Handelsgewinn, Mehrwert, Innovationsgewinn, Monopolprofit) traten im Zweiten Weltkrieg Sondereinkommen durch Raub und Zwangsarbeit.

Die stofflichen Grundlagen

Elektrizität und Verbrennungsmotoren waren die zentralen Techniken der seit dem Ersten Weltkrieg einsetzenden Zweiten Industriellen Revolution. Sie bilden die Voraussetzungen für neue Informations- und Unterhaltungsindustrien (Radio, Film) und für eine Beschleunigung sowie Intensivierung des Luft-, Schiffs- und Straßenverkehrs. Der Hörfunk war seit den dreißiger Jahren ein Massenkommunikationsmittel.

Für den Überlandverkehr blieb die Eisenbahn zentral. Nur in den USA gewann das Automobil die gleiche Bedeutung, während es in Europa ein Luxusartikel war. Immerhin kam es dort allmählich auch als Nutzkraftfahrzeug in Gebrauch. Der Verbrennungsmotor gewann wachsende Bedeutung in der Militärtechnik: Panzer und Flugzeuge; dagegen kam das Flugzeug zivil nur als Prestige-Artikel zum Einsatz.

Zu den medizinischen Fortschritten dieser Periode gehörte die Entwicklung des Penicillins 1928.

Eine völlig neue Entwicklung bahnte sich aufgrund neuer Erhitzungs- und Haltbarkeitstechniken (Konservendose) an. Sie ermöglichten die Entstehung einer Nahrungsmittelindustrie, auch diese zunächst in den USA.

Zu den Technologien, die schon entwickelt waren, aber noch nicht massenindustriell eingesetzt wurden, gehörten die Kunststoffe (im Unterschied zu chemischen Lösungs-, Reinigungs- und Pflanzenschutzmitteln, die schon eine große Rolle spielten), das Fernsehen und die Spaltung des Atomkerns. Diese fand zunächst – 1945: Abwurf von Atombomben auf Hiroshima und Nagasaki – ausschließlich militärische Anwendung.

Der Einzelhandel transformierte sich in eine Protoindustrie für Zwecke der Distribution. (Im Unterschied zur Proto*technologie* beruht die Proto*industrie* nicht auf neuen Verfahren und Technologien, sondern sie bahnt die industrielle Verwendung bislang nichtindustrieller Produktion und Distribution an. Proto*kapitalistisch* könnte man die Existenz einer kapitalistischen Wirtschaftsweise in einer im Übrigen noch nicht kapitalistischen Gesellschaft nennen.)

Die Organisation von Kapital und Arbeit

Neben den jeweiligen Selbstorganisierungen von Kapital und Arbeit gibt es ihre gemeinsame Organisierung unter Hinzutritt des Staates, den Korporatismus.

Wir können drei Formen unterscheiden:

1. Den *Kriegskorporatismus*. Hier versuchen Staat und Militär Produktion und Verteilung zu lenken.
2. Den *Konsenskorporatismus*. Nach staatlichen Vorgaben wirken hier Unternehmer und Gewerkschaften zusammen, z. B. in den von ihnen paritätisch finanzierten Selbstverwaltungssystemen. Politischer Ausdruck dieses

Korporatismus war in mehreren Ländern auch die Beteiligung sozialdemokratischer Parteien an Regierungen. Das im Sinne der sozialdemokratischen Arbeiterbewegung erfolgreichste Beispiel dieses Modells war Schweden seit den dreißiger Jahren: Von 1932 bis in die achtziger Jahre hinein stellte die Sozialdemokratie dort den Ministerpräsidenten.

3. *Zwangskorporatismus* schon zu Friedenszeiten brachten der italienische und der deutsche Faschismus: Zerschlagung der Gewerkschaften und Arbeiterparteien, Zusammenfassung von Lohnabhängigen und Unternehmern in staatlich angeordneten Organisationen bei uneingeschränkter betrieblicher Herrschaft der Unternehmer.

Die Weltwirtschaftskrise und das Ende des Laisser-Faire

Trotz zunehmender Organisierung des Kapitalismus war die liberale Auffassung vom freien Spiel der Kräfte, das letztlich immer zu einem Ausgleich von Angebot und Nachfrage auf dem Markt führen müsse, in den zwanziger Jahren noch herrschende Lehre. Sie wurde durch die 1929 von den Vereinigten Staaten ihren Ausgang nehmende Weltwirtschaftskrise erschüttert. Diese begann als Ende des langen US-Booms der zwanziger Jahre. Hierfür gab es folgende Ursachen:

Preisverfall in der Landwirtschaft ohne zunehmende Nachfrage nach ihren Erzeugnissen hatte nach 1920 die Einkommen der Farmer schrumpfen lassen. Die industrielle Beschäftigung stagnierte unter anderem aufgrund von Rationalisierung, für die zusätzlichen Güter fand sich keine erweiterte Binnennachfrage. Die Löhne blieben hinter der Produktivität zurück. Überschüssiges Kapital wurde deshalb zunehmend spekulativ eingesetzt, die Investitionen gingen zurück.

Diese internen Schwächen der US-Wirtschaft waren zunächst noch durch Export- und Anleihenoffensiven und einen Börsenboom überdeckt. 1929 aber endete die Überbewertung der Aktien in einem Zusammenbruch der Kurse an der New Yorker Börse. Als Kredite, die bislang nach Europa gegangen waren, nicht mehr verlängert wurden, traf die Krise auch diesen Kontinent, in erster Linie Deutschland, das aufgrund seines Kapitalmangels infolge des verlorenen Krieges (Reparationszahlungen) in besonders hohem Maße davon abhängig gewesen war. Der Ausfall der US-amerikanischen Nachfrage nach Rohstoffen und Nahrungsmittelimporten zog auch die bisherigen Lieferregionen in Lateinamerika und Asien sowie Kanada, Finnland und Ungarn in die Krise. (Hobsbawm 1999: 122-123)

Die ungewöhnliche Dauer und Heftigkeit des Einbruchs machte schließlich eine Revision der Auffassungen, wonach es sich nur um einen weiteren Fall einer zyklischen Schwankung handele, nötig. John Maynard Keynes legte – insbesondere in seinem Werk »Allgemeine Theorie der Beschäftigung, des Zinses und des Geldes« (1936) – eine neue Erklärung vor: (Keynes 1974) Ein Gleichgewicht auf den Kapital- und Gütermärkten ist mit Ungleichgewicht auf dem Arbeitsmarkt (hier: Arbeitslosigkeit) vereinbar. Dieses resultiert daraus, dass nur ein Teil der Gewinne wieder in arbeitsplatzschaffende Investitionen umgesetzt wird. Die fehlende Nachfrage kann vom Staat übernommen werden, wenn er bereit ist, sich zu verschulden (Deficit Spending). Dabei ist ein »Multiplikatoreffekt« in Rechnung zu stellen: staatliche Nachfrage löst zusätzliche und vermehrte private Nachfrage aus, wobei die Verschuldung nach Anspringen der Konjunktur wieder durch erhöhte Steuereinnahmen ausgeglichen werden kann. Da wohlhabende Haushalte nur

einen Teil ihres Einkommens wieder nachfragefördernd aus-
geben, arme Haushalte jedoch in hohem Maße (oder gar
völlig), ist eine Umverteilung zugunsten der schwachen
Haushalte vorteilhaft für Nachfrage und Konjunktur.
Deficit Spending ist letztlich Geldschöpfung jenseits des bis
zum Ersten Weltkrieg sakrosankten Goldstandards, zu dem
man nach 1918 krampfhaft und letztlich vergebens zurück-
zukehren suchte. Es sollte durch niedrige Zinssätze und
gezielte Entwertung von nicht investiertem Geld gefördert
werden.

De facto haben zwei Staaten dieses Instrument mit einer
gezielten Politik des Deficit Spending verbunden: Der 1932
neu gewählte US-amerikanische Präsident Franklin D.
Roosevelt ging bereits 1933 (also noch vor der Veröffent-
lichung von Keynes' Werk »Allgemeine Theorie der Beschäftigung, des Zinses und des Geldes«) zu seiner Politik
des »New Deal« über: Staatliche Arbeitsbeschaffung,
Förderung der Kartellierung, Kooperation der Regierung
(»Big Government«) mit den Interessenvertretungen nicht
nur des Kapitals (»Big Business«), sondern auch der Lohnabhängigen (»Big Labour«), Ansätze zu einer Umverteilung.
Die Arbeitslosigkeit sank, war aber erst beseitigt, als die USA
sich auf ihren 1941 schließlich erfolgenden Kriegseintritt
vorbereiteten.

In Deutschland wurde der gleiche Effekt ebenfalls durch
Rüstungsanstrengungen erreicht. Der frühe Keynesianismus
(auf den sich Hitler nicht berief) war also im Wesentlichen
ein Rüstungskeynesianismus.

Staat, Politik und Ökonomie

In der Periode 1914–1945 finden sich im kapitalistischen
Teil der Welt die folgenden Staatsordnungen:

1. Kapitalistische Demokratien. Ihre Zahl nahm ab 1918 zunächst stark zu: durch die Parlamentarisierung des Deutschen Reiches und Österreichs sowie mit der Gründung neuer Staaten in Ost- und Südosteuropa. Das Prinzip der Volkssouveränität (Bestellung der Staatsorgane und Entscheidung über die Grundzüge der Politik durch das allgemeine Wahlrecht) wurde dort konsequenter als früher angewandt, wo die letzten Einschränkungen des allgemeinen Wahlrechts fielen, vor allem durch das Wahlrecht für Frauen (u. a. in Großbritannien, aber auch in Deutschland), in Frankreich allerdings erst 1944 (Schmale 2000: 201);

2. Militärdiktaturen. Sie gingen teilweise aus den nach 1918 entstandenen demokratischen Republiken hervor (Bulgarien, Ungarn, Polen, Griechenland, ab 1939 auch in Spanien). Eine Sonderform autoritärer bürgerlicher Herrschaft stellte die japanische Monarchie dar;

3. aus Revolutionen hervorgegangene Systeme »gelenkter Demokratie« (Türkei, Mexiko);

4. Faschismus in Italien (seit 1922), Deutschland (seit 1933) und Österreich (seit 1934).

Faschismus ist terroristische Gewaltherrschaft zwecks Verteidigung und/oder Fortentwicklung der kapitalistischen Produktions- und Verteilungsverhältnisse, in den meisten Fällen (Ausnahme: »Austrofaschismus« in Österreich 1934–1938) verbunden mit einer aggressiven, expansionistischen Außenpolitik, Militarismus und extremem Nationalismus. Von anderen Formen bürgerlicher Diktatur unterscheidet er sich durch die Permanenz des Terrors und die Dynamik seiner Innen- und Außenbeziehungen zwecks Sicherung und Ausweitung von Herrschaft. Der Faschismus hat zwei Subjekte:

1. die Exekutive und die diese tragende politische Massenbewegung mit ihrem jeweiligen Führer und
2. das Kapital.

Die faschistische Massenbewegung und – nach deren
Machteroberung – die faschistische Exekutive förderten die
Interessen der Kapitalistenklasse nach Maßgabe ihres eigenen
(der Bewegung bzw. der Exekutive) Interesses an Machteroberung, -sicherung und -ausweitung, wobei die Erhaltung
und Dynamisierung der kapitalistischen Klassengesellschaft
gleichermaßen Voraussetzung wie Zweck ihres Erfolgs ist.

Als politische Akteure in der kapitalistischen Demokratie
hatten auch sozialistische bzw. sozialdemokratische Parteien
in mehreren Ländern zeitweise starken Einfluss. Sie verstanden demokratische gesellschaftliche Verfügung über die
wichtigsten Produktionsmittel als Teil und Voraussetzung
einer nicht nur auf die politische Sphäre beschränkten,
sondern die Ökonomie einbegreifenden Demokratie und
der Interessenwahrnehmung der Arbeiterklasse.

Das räumliche Arrangement

Das räumliche Arrangement des Kapitalismus war in diesem
Zeitabschnitt durch Verlauf und Ergebnisse der beiden Weltkriege (1914–1918 und 1939–1945) bedingt. Es war dadurch charakterisiert, dass das bisherige weltwirtschaftliche
Zentrum – Großbritannien – ab 1918 als solches ebenso zu
bestehen aufhörte wie das europäische Gleichgewicht und
dass die hierdurch zerstörte Konstellation erst ab 1944/45
durch eine neue internationale Ordnung abgelöst wurde:
mit den USA als Zentrum der kapitalistischen Welt, die sich
zugleich in Konfrontation zu einem anderen System – dem
sozialistischen – befand. Das »Zeitalter der Katastrophen«
füllte das Intervall zwischen diesen beiden Arrangements aus.

Welche Verbindung bestand zwischen dem Ausbruch und Verlauf des Ersten Weltkriegs einerseits, kapitalistischen Interessen andererseits?

Im ersten »Historikerstreit« der BRD (erste Hälfte der sechziger Jahre des 20. Jahrhunderts) hat Fritz Fischer die These vertreten, dass die Eliten des Deutschen Reiches – Agrarier, Industrielle und die politische Führung – den Ersten Weltkrieg absichtlich ausgelöst hätten. (Fischer 1961, Fischer 1969, Fischer 1979) Der marxistische Politologe Reinhard Opitz brachte (in Anlehnung an die von der DDR-Geschichtswissenschaft entwickelte »Monopolgruppen-Theorie«) diese Kriegsziele in Verbindung mit »Europastrategien des deutschen Kapitals«. (Opitz 1994: 211-466) Die Chemie- und die Elektroindustrie hätten eine Expansion der deutschen Interessen im Nahen Osten gegen Großbritannien und Russland (auf längere Sicht vielleicht sogar um den Preis eines Ausgleichs mit Frankreich) verlangt, Montanindustrie und Großgrundbesitz dagegen eine vorrangige Wendung gegen Frankreich.

Eric Hobsbawm dagegen sieht auf beiden Seiten imperialistische Interessen als Ursachen für den Ersten Weltkrieg. (Hobsbawm 1999: 47)

Im Kriegsverlauf selbst bewährte sich zunächst drei Jahre lang auf makabre Weise das europäische Gleichgewicht: keine der beiden Seiten konnte die Oberhand gewinnen. Erst der Kriegseintritt der USA 1917 brachte die Entscheidung zugunsten der Entente (der 1915 auch Italien beigetreten war).

Am 7. November desselben Jahre brach Russland aus dem kapitalistischen Zusammenhang aus: die Bolschewiki übernahmen in Petrograd die Macht.

Knapp vier Monate später, am 3. März 1918, schloss

Russland in Brest-Litowsk Frieden mit dem Deutschen Reich. Es war ein imperialistischer Diktatfrieden: Ostpolen, Litauen, Kurland, Estland, Livland wurden nicht nur von Russland abgetrennt, sondern auch unter deutsche Verfügung gestellt.

Der Friedensvertrag von Versailles 1919 zwischen der Entente und Deutschland und die Friedensverträge mit dessen Verbündeten waren weitere Beispiele für binnen-imperialistische Diktate. Das gilt weniger für die Gebietsabtretungen als für die Reparationsregelungen. Die USA unterzeichneten die Verträge nicht.

Seit 1917 bahnte sich eine internationale Führungsposition der Vereinigten Staaten an, die von diesen aber zunächst nicht angetreten wurde. So wurde ein formeller Hegemoniewechsel vermieden, der aufgrund des Kriegsverlaufs nahe lag:

1. Großbritannien hatte seine militärische Hegemonie zur See verloren.
2. Die USA waren zum Gläubigerland gegenüber Europa geworden.
3. Der Goldstandard galt seit dem Ersten Weltkrieg nicht mehr. Versuche Großbritanniens, ihn nach 1918 wiederherzustellen und die eigene frühere Hegemonie auf den internationalen Finanzmärkten zu restaurieren, scheiterten in der Weltwirtschaftskrise 1929 ff.

Die USA weigerten sich, den Dollar als neue Leitwährung zu etablieren und eine eigene militärische Führungsrolle zu übernehmen.

Dieses Machtvakuum nutzte ab 1933 Hitler-Deutschland. Seine Expansions- und Annexionspolitik und sein 1939 begonnener Angriffskrieg gingen über die Kriegsziele von 1914 und eine Revision von Versailles weit hinaus. Mit dem Überfall Hitler-Deutschlands auf die Sowjetunion im Juni 1941 wurde der bis dahin innerkapitalistische Krieg zum Systemkrieg zwischen einer kapitalistischen und einer sozialistischen Macht.

Im Dezember 1941 traten die USA (nach einem Luftüberfall Japans auf den Stützpunkt Pearl Harbour und der Kriegserklärung durch Deutschland) in den Zweiten Weltkrieg ein. Dies hatte mehrere Gründe:

1. 1931 hatte Japan die Mandschurei besetzt, 1937 China angegriffen. Ziel war die Gründung eines eigenen japanischen Imperiums (»Größerer Raum gemeinsamen Wohlergehens«). Die USA nahmen dies als militärische Bedrohung ihrer Gegenküste und auch als Beeinträchtigung ihrer wirtschaftlichen Interessen wahr. Als klar war, dass sie der Expansion Japans in absehbarer Zeit entgegentreten würden, entschloss dieses sich zum Angriff.

2. Die Perspektive eines vom faschistischen Deutschland beherrschten Europa veranlasste Roosevelt, sein Land auf ein Eingreifen in Europa zu orientieren.

3. Die Selbstbehauptung der Sowjetunion gegenüber Deutschland, die sich mit dem Steckenbleiben des deutschen Angriffs vor Moskau Ende 1941 zumindest als eine Möglichkeit abzeichnete, konnte auch zu einer neuen Ordnung auf dem europäischen Kontinent führen, die durch die Hegemonie einer sozialistischen Großmacht gekennzeichnet war. Ein Kriegseintritt der USA sollte eine andere Option zumindest offen halten.

Als in der Kriegskonferenz von Jalta 1945 und mit der endgültigen Niederlage Hitler-Deutschlands der Machtbereich der Sowjetunion bis nach Mitteleuropa ausgedehnt worden war, endete der Kapitalismus vorerst an der Elbe.

7. Wohlfahrtsstaat und Systemkonflikt (1945 – 1980)

Allgemeine Merkmale

Der kapitalistische Teil der Welt war 1945 – 1980 charakterisiert durch

1. die Konfrontation mit der UdSSR und den anderen sozialistischen Staaten im Kalten Krieg (spätestens seit 1947),
2. militärische und politische internationale Bündnisse unter Führung der USA (denen auch die 1949 gegründete Bundesrepublik Deutschland, BRD, angehörte),
3. Organisation des Warenverkehrs, der Kapitalzirkulation, teilweise auch der Produktionsbedingungen in internationalen Institutionen (Weltbank, Internationales Währungssystem, Organization of European Economic Cooperation OEEC, Organization for Economic Co-operation and Development OECD),
4. hohes und beständiges Wachstum und Ausweitung der Wohlfahrtsstaatlichkeit,
5. Dekolonisierung,
6. besonders große Bedeutung des Kredits für die Akkumulation.

Sämtliche Gewinnformen – Handelsgewinn, Mehrwert, Innovationsgewinn, Monopolgewinn – sind voll ausgebildet, Zwangsarbeit und ökonomische Ausnutzung von Kriegen haben eine weit geringere Bedeutung als 1914 – 1945.

Die Akkumulation des Kapitals wurde in den kapitalistischen Zentren durch eine (posthum durch Keynes inspirierte) Geld- und Fiskalpolitik des Deficit Spending vorangetrieben: Unternehmen und Staat nahmen Kredite auf, investierten diese und erzeugten damit eine Nachfrage, die mit ihren Angeboten gedeckt wurde. Vollbeschäftigung und hohe Profite sollten anschließend für Zins, Tilgung und sogar für eine Expansion der Staatsaufgaben ausreichen. Die zunächst durch Kredite, dann durch Lohnsteigerungen stimulierte Nachfrage war also Ausgangspunkt der Akkumulation (Nachfrageorientierte Wirtschaftspolitik).

Dass diese Fiskal- und Geldpolitik tatsächlich zu solchen Ergebnissen führte, verdankte sich allerdings einer Sonderkonstellation, die der ungarische Theoretiker Jánossy 1966 als »Rekonstruktionsperiode« bezeichnete (Jánossy 1966): Beschleunigtes Aufholen der Wachstumseinbrüche seit 1929.

Der französische Ökonom Thomas Piketty kommt teilweise zu ähnlichen Ergebnissen bei der Erklärung für die Ursachen der Sondersituation 1945-1980, setzt aber noch früher an. Er stellt fest, dass in der Geschichte des Kapitalismus zumindest seit 1800 die Kapitalrendite (er wählt hierfür das Symbol r) sich schneller entwickelt habe als das Wachstum (Symbol g), und bringt dies in der Formel r > g zum Ausdruck. (Piketty 2014: 44-48) Daraus ergab sich am Anfang des 20. Jahrhunderts hohe Überakkumulation, die durch die beiden Weltkriege und die Krise 1929–1933 abgebaut worden sei. (Piketty 2014: 195-216). Geht man davon aus, dass dabei vor allem Geldvermögen vernichtet wurde, während Anlagekapital trotz der Kriegszerstörungen noch ausgebaut worden ist, und dass die Stellung der Arbeit gegenüber dem Kapital zeitweilig verstärkt wurde, ergaben sich zwei Effekte:

1. Die Kombination von qualifizierter Arbeitskraft mit quantitativ reichhaltigem und leistungsfähigem Anlagekapital führte zu Wachstum. Die so erzeugten zusätzlichen Waren konnten abgesetzt werden, weil

2. Vollbeschäftigung die Arbeiterklasse stärkte und deren zahlungsfähige Nachfrage dadurch erhöht worden ist, wodurch weiteres Wachstum entstand.

Triebkräfte der Entwicklung seit 1945 waren:

1. die nachholende bzw. wiederholende Akkumulation in der Expansionsphase. Kriegszerstörungen wurden beseitigt (= die Ergebnisse früherer Akkumulation mussten noch einmal erreicht werden). Dies galt vor allem für Mittel- und Westeuropa. (Das teilweise viel stärker zerstörte Osteuropa vollzog den Wiederaufbau viel langsamer.)
2. Mobilisierung von Arbeitskraft durch starke Migration,
3. der strategische Einsatz des Kredits für Ersatz- und Erweiterungsinvestitionen,
4. die konjunkturbelebende und -stabilisierende Funktion der Rüstung.

Die stofflichen Grundlagen

Nach dem Zweiten Weltkrieg ist das Zeitalter der Dampfkraft endgültig vorbei. Sie wird durch die Elektrizität abgelöst. Die Eisenbahnen wurden elektrifiziert. In der Beförderung von Personen und Material wurden sie nun auch in Europa und weltweit nach dem Muster der USA vom Automobil abgelöst. Damit wurde das Erdöl zu einem zentralen Rohstoff.

Synthetische Stoffe bestimmten immer mehr das Alltagsleben. Auch der Beton wurde jetzt in weiterem Umfang verwandt als bisher, nicht mehr nur für den Straßen- und Militär-, sondern auch den Zivilbau.

Ab 1960 wurde das Flugzeug zum Massenverkehrsmittel, gleichzeitig mit der Ausweitung des Tourismus als Industrie. Das Telefon, Radio, Fernsehen, Plattenspieler zogen in den entwickelten kapitalistischen Ländern in nahezu jeden Haushalt ein.

Nicht allein Ergebnis kapitalistischer Entwicklung, sondern des Wettrüstens zwischen den USA und der Sowjetunion war die Raumfahrt.

Der zunehmende Einsatz von Kunststoffen und die Steigerung des Verbrauchs an fossilen Brennstoffen (vor allem Erdöl für den Automobilverkehr) führten zu verstärktem Eintrag von Abstoffen in Boden, Wasser und Atmosphäre, wenngleich andererseits der Rückgang der Kohleheizung in vorher besonders beeinträchtigten Landschaften und Gewässern die dortigen Belastungen wieder verringerte.

Eisschrank und Waschmaschine revolutionierten die Haushalte. Häusliche Dienstleistungen wurden dadurch reduziert und durch den Einsatz von Maschinen ersetzt.

Ab ca. 1960 ging in Mittel-, West- und Nordeuropa die Bedeutung der bäuerlichen Landwirtschaft als quantitativ relevanter Wirtschaftszweig enorm zurück. Ursachen waren die Steigerung der Produktivität und Importe. Beide verbanden sich mit Industrialisierung der landwirtschaftlichen Produktion im »Agrobusiness«, das mit Lebensmittelkonzernen und Vertriebsfirmen eng verbunden war.

Trotz Automatisierung gab es keine Massenarbeitslosigkeit, sondern im Gegenteil Arbeitskräftemangel in den industriellen Zentren, die damit Ziel von starker Arbeitsmigration wurden. Ursache war eine Massennachfrage, die das sich ständig erweiternde Angebot noch überstieg. Sie entstand durch:

1. die Erschließung bislang durch Eigenarbeit (etwa in den Haushalten) geprägter Bereiche für industriell erzeugte Waren (Tiefkühlkost, Konserven, Staubsauger, Waschmaschinen),
2. die Weckung und Bedienung neuer Bedürfnisse, zum Beispiel durch die Unterhaltungselektronik und den Tourismus,
3. die Massenmotorisierung,
4. öffentlich-rechtlich erleichterte Nachfrage im Erziehungs-, Bildungs- und Gesundheitswesen.

Eine weitere Konjunkturstütze trat hinzu: die ständige staatliche Nachfrage nach Militärgütern während des Ost-West-Wettrüstens. Unternehmen, die in diesem Bereich ständig engagiert waren, und die militärisch relevanten Teile des Staates bildeten eine Kombination, die zuweilen als »Militärisch-Industrieller Komplex« bezeichnet wurde.

Die Entdeckung der Doppelhelix 1953 durch Francis Crick und James Dewey Watson ermöglichte eine neue Prototechnologie, die Gentechnologie.

Gegenüber der materiellen Produktion in Landwirtschaft und Produktion holte nun der so genannte Tertiäre Sektor (Dienstleistungen) in den Beschäftigtenzahlen stark auf.

Die Organisation des Kapitals

An die Stelle des Unternehmerkapitalismus (prototypisch für diesen war noch Henry Ford gewesen) trat nun der Managerkapitalismus, den nicht mehr der als Unternehmer selbst noch tätige Eigentümer prägte, sondern der Vorstand der Aktiengesellschaft. Nationale Unternehmen weiteten sich zu Transnationalen Konzernen, die ihre Fertigungsstätten und Vertriebsnetze in verschiedenen Ländern hatten, aus (z. B. General Motors, Esso, Shell).

Zugleich begann der bislang im nationalen Rahmen organisierte Kapitalismus seine Transformation zum International Organisierten Kapitalismus.

Die Organisation der Arbeit

Zwischen 1945 und 1980 erreichte die Kartellierung der Arbeitskraft in den OEEC- bzw. OECD-Ländern ein Höchstmaß an quantitativer Ausdehnung. Ihre entscheidenden Organisationen blieben die Gewerkschaften und Arbeiterparteien.

In Skandinavien, der Bundesrepublik Deutschland und Österreich fand die gewerkschaftliche Kartellierung in nominell parteipolitisch unabhängigen Einheitsgewerkschaften unter vorwiegend sozialdemokratischer Führung statt. In Großbritannien war die Labour Party in ihren größten Teilen ein Zusammenschluss von Gewerkschaften. In Frankreich und Italien gab es – sozialdemokratische/ sozialistische, kommunistische, christlich-demokratische – Richtungsgewerkschaften. Die Gewerkschaften in den USA waren parteiferner als in Europa, allerdings standen sie der Demokratischen Partei näher als der Republikanischen.

Die sozialdemokratischen Parteien stützten sich – im Unterschied zu früher – nicht mehr nahezu ausschließlich auf die Handarbeiterinnen und Handarbeiter, sondern auch auf eine wachsende Zahl von Beschäftigten im Öffentlichen Dienst.

Die gemeinsame Organisation von Arbeit und Kapital

Die Beziehungen von Arbeit und Kapital durchliefen in den OEEC-/OECD-Ländern drei Phasen:

1. Bis in die zweite Hälfte der fünfziger Jahre fanden in Frankreich, Italien und in der Bundesrepublik Deutschland noch heftige Arbeitskämpfe statt, während die »Industrial Relations« in den USA, aber auch in Skandinavien und der Schweiz sozialpartnerschaftlich geprägt waren.

2. Dieser sozialpartnerschaftliche Typus setzte sich ab Ende der fünfziger Jahre auch in Mitteleuropa durch. Nunmehr überwog der Konsenskorporatismus, in dem die Arbeiterschaft erhebliche Zugeständnisse zu ihren Gunsten erreichen konnte:

a. Verkürzung der wöchentlichen Arbeitszeit; hinzu kam Verkürzung der Lebensarbeitszeit durch späteren Berufseintritt aufgrund längerer Ausbildungszeiten und früheren Beginn des Ruhestandes;

b. Erhöhung der Reallöhne;

c. Institutionelle Regelungen zugunsten der Arbeitskraft, (z. B. Kündigungsschutz);

d. Ausbau staatlich garantierter Lohnersatzleistungen (z. B. der Rentenversicherungen).

Die Politik der Sozialpartnerschaft war ein Wachstums- und Nachfragepakt:

1. Steigerung der Arbeitsproduktivität erweiterte den Spielraum für

2. Lohnsteigerungen, die

3. von den Unternehmern nicht nur als Kosten angesehen wurden, sondern als erweiterte Nachfrage nach ihren Erzeugnissen, woraus

4. Neuinvestitionen,

5. zusätzliche Gewinne und

6. mehr Arbeitsplätze
resultierten.

Das räumliche Arrangement

Das räumliche Arrangement des Kapitalismus war 1945–1980 charakterisiert durch:

1. den Kalten Krieg,

2. die Hegemonie der USA,

3. die Entkolonisierung,

4. die Herausbildung von drei kapitalistischen Zentren:
   a. Nordamerika,
   b. West-, Nord- und Mitteleuropa,
   c. Japan.

1. 1947 rief der US-amerikanische Präsident Harry S. Truman den Kalten Krieg aus. Dieser war die Konfrontation eines kapitalistischen und eines sozialistischen Staatenblocks mit dem Bemühen, den jeweils eigenen Einflussbereich gegen den anderen zu verteidigen und/oder auszudehnen, ohne dass es dabei zu unmittelbarer kriegerischer Gewaltanwendung zwischen den beiden Hauptkontrahenten – der UdSSR und den USA – kam. (Der Koreakrieg 1950–1953 und der Vietnamkrieg der USA 1960–1973 waren keine Ausnahmen: hier war nur eine der beiden Vormächte der beiden Systeme direkt beteiligt.) Zu den Mitteln dieser Auseinandersetzung gehörte ein permanentes Wettrüsten, in dem die Vereinigten Staaten von Amerika zunächst die Atom-, dann die Wasserstoffbombe entwickelten, darin aber immer wieder von der Sowjetunion eingeholt wurden.

2. Im kapitalistischen Teil der Welt übten die USA eine unangefochtene militärische, ökonomische und politische Hegemonie aus. Ihr Einfluss äußerte sich auch in einer Überlegenheit in der Kulturindustrie und in einer zumindest teilweisen Übernahme des »American Way of Life« in anderen Ländern. Das Englische wurde nun – wie einst das Lateinische im Römischen Reich – zur Lingua Franca.

   Neben den USA hatten die Länder der Europäischen Gemeinschaft und Japan eine große weltwirtschaftliche Bedeutung. So entstand eine Triade (»Trilaterale«) kapitalistischer Zentren.

3. Innerhalb von drei Jahrzehnten waren alle Kolonialreiche, die von Europäern seit dem 16. Jahrhundert errichtet worden waren, beseitigt: sei es durch antikoloniale Befreiungsbewegungen, sei es durch Verzicht der ehemaligen »Mutterländer«. So entstanden postkoloniale

Gesellschaften, die teils einen Weg kapitalistischer, teils
sozialistischer Entwicklung zu gehen versuchten.

Die nachkolonialen Gesellschaften bildeten die so genannte »Dritte Welt« (neben den kapitalistischen Zentren
und den sozialistischen Staaten). Es zeigte sich zunächst,
dass sie, obwohl sie nun formell unabhängige National-
staaten geworden waren, in ökonomischer Abhängigkeit
von den Ländern ihrer ehemaligen Kolonisatoren blieben. Sie waren in erster Linie Rohstofflieferanten und
bezogen aus Europa und den USA Fertigwaren und Maschinen. Dieser Zustand wurde von der so genannten
»Dependencia-Theorie« beschrieben. (Cardoso 1974) Eine
besondere Gruppe unter den Entwicklungsländern waren
die erdölexportierenden Staaten, die sich in einem Kartell,
der Organization of Petrol Exporting Countries (OPEC),
zusammenschlossen. In den sechziger Jahren bemühten
sich einige Länder des Nahen Ostens (letzten Endes ver-
geblich) um einen »panarabischen« staatlichen Verbund.

4. Japan war 1945 – wie Deutschland – vollständig von den
   USA besiegt worden, wurde durch diese besetzt und befand sich in militärischer und ökonomischer Abhängigkeit
   von ihnen. Zugleich aber wurde es neben den Vereinigten
   Staaten und West-, Mittel- und Nordeuropa eines der drei
   kapitalistischen Zentren und trat auf dem Weltmarkt als
   Waren- und Kapitalexporteur stark hervor.

   Eine Klammer zwischen den kapitalistischen Öko-
   nomien war das 1944 auf einer Konferenz in Bretton
   Woods gegründete neue Währungssystem: Der Dollar
   wurde zur Leitwährung, die zu festen Wechselkursen in
   jede andere Währung getauscht werden konnte und ihrerseits an das Gold (35 US-$ = 1 Unze) gebunden war.

In der Entkolonisierung und im Kalten Krieg ging der Erste

Imperialismus, der im 19. Jahrhundert begonnen hatte, zu
Ende. Die hochentwickelten kapitalistischen Länder stellten
unter Führung der Vereinigten Staaten von Amerika ihre bisherigen Kämpfe gegeneinander ein. Die auch militärische Sicherung des US-Einflusses in Teilen der so genannten Dritten
Welt trug Züge des im Übrigen überwundenen Ersten Imperialismus, allerdings nicht mehr (oder kaum noch) in Auseinandersetzung mit anderen kapitalistischen Ländern, wohl
aber mit der Sowjetunion und deren Verbündeten.

Staat und Politik
Im kapitalistischen Teil der Welt gab es nach 1945 folgende
Staats- und Herrschaftsformen:

1. Repräsentative Demokratien, darunter neue parlamentarische Republiken in der Bundesrepublik Deutschland,
   Italien, Japan (mit monarchischer Repräsentationsspitze)
   und Österreich.

   Sie waren durch unterschiedliche Formen der sozialen
   Sicherung und der Beziehung von Staat und Ökonomie
   gekennzeichnet. Alle sahen sie die Gewährleistung von
   »Wohlfahrt« – Sicherung der sozialen Lebensgrundlagen –
   als eine ihrer Aufgaben. Mit einer Modifikation lässt sich
   eine Typologie der verschiedenen Wohlfahrtsregimes, die
   in den neunziger Jahren der Sozialwissenschaftler Gösta
   Esping-Andersen aufstellte, (Esping-Andersen 1999) auch
   auf die Zeit 1945–1980 übertragen:

   a. Das konservativ-korporatistische Modell (Bundesrepu-
      blik Deutschland, Frankreich, Japan, Österreich). Hier
      findet Absicherung der Lohnabhängigen innerhalb
      einer nicht in Frage gestellten Ordnung der Ungleich-
      heit in dem Maße statt, das nötig ist, um Stabilität
      dieser Ordnung zu gewährleisten.

b. Das liberale Modell überlässt die Organisation sozialer Absicherung so weit wie möglich dem Markt. Es ist in den USA am klarsten ausgebildet.

c. Das egalitäre Modell, das in Skandinavien bestand. Es ist durch ein hohes Maß an Staatsintervention und -investition zur Ausgleichung der sozialen Unterschiede unter Beibehaltung des Privateigentums an den Produktionsmitteln gekennzeichnet.

2. Der zweite Typ politischer bürgerlicher Herrschaft waren fortbestehende und neue Diktaturen vor allem in nicht voll durchindustrialisierten kapitalistischen Ländern. In Europa gehörten dazu: 1926 bis 1974 Portugal, 1939–1975 Spanien, 1967 (nach einem Militärputsch) bis 1974 Griechenland. Nach dem Sturz des Präsidenten Sukarno 1965 ff. wurde Indonesien zur Militärdiktatur.

   Mehrere Staaten Lateinamerikas wurden lange Zeit diktatorisch regiert. Diese Staatsform diente der Absicherung der schmalen Oligarchien und wurde von der Hegemonialmacht USA dort toleriert. 1973 stürzte ein von den USA tolerierter Militärputsch in Chile den sozialistischen Präsidenten Salvador Allende.

3. In den meisten nachkolonialen Gesellschaften, vor allem Afrikas, bestand Ein-Parteien-Herrschaft, die in der Regel aus einer antikolonialen Befreiungsbewegung hervorgegangen war.

4. Trotz ihrer traditionalistischen äußeren Form waren die arabischen Monarchien insofern eine moderne Staatsform, als sie ebenfalls aus dem Prozess der Entkolonisierung hervorgegangen waren.

5. Ein Rassenstaat war die Südafrikanische Union (Republik Südafrika).

Drei Ursachen für das Ende des Wohlfahrtskapitalismus:
1. 1973: Beginn der Deregulierung der Geldmärkte – Am
11. März 1973 endete das Währungssystem von Bretton
Woods. Die USA hatten in der zweiten Hälfte der sechziger Jahre eine Doppelanstrengung – Sozialreformen und
Vietnamkrieg – durch eine Inflationierung des Dollar finanziert, der damit seiner Funktion als Leitwährung nicht mehr
gerecht wurde. 1971 hatte Präsident Nixon die Bindung des
Dollar an das Gold aufgehoben. Am 11. März 1973 lösten
die führenden kapitalistischen Staaten Europas ihre Bindung
an den Dollar und gingen zum gemeinsamen »Floaten« im
Verhältnis zu dieser Währung über. Damit begann ein Prozess, der die Funktion des Geldes als – auch – eines internationalen Regulierungsinstruments aufhob und dieses stattdes-
sen immer mehr zur Spekulationsware an den nun sich rasch
ausweitenden internationalen Finanzmärkten machte.
2. Ausweichen von Kapital in die Zirkulationssphäre – Die Deregulierung der Finanzmärkte erweiterte die Möglichkeiten,
zumindest zeitweise durch Börsenspekulationen größere Gewinne zu erzielen als in der materiellen Produktion. Dies lag
auch dadurch nahe, dass gewerkschaftliche Kämpfe in den
hochindustrialisierten kapitalistischen Ländern gegen Ende
der sechziger und noch am Anfang der siebziger Jahre einen
Druck auf die Profite ausgeübt hatten. Diese gingen zusätzlich während einer Weltwirtschaftskrise 1975 zurück: die
Auslastung von industriellen Anlagen brach ein. Überakku-
muliertes und in seiner Profitabilität eingeschränktes Kapital
wurde an die internationalen Finanzmärkte verlagert.
3. Umbruch der Anlagentechnologie – Die Ereignisse des Jah-
res 1973 konnten ihre symptomatische Bedeutung jedoch
nur gewinnen durch das Wirksamwerden eines Trends, der
schon lange vorher begonnen hatte, jetzt aber dominant

wurde: seit den fünfziger Jahren waren numerisch gesteuerte
Werkzeugmaschinen und automatische Fertigungstechnolo-
gien genutzt worden. Nunmehr waren sie über die protoindustrielle Phase hinausgelangt und konnten breit eingesetzt
werden. Dies bedeutete die Entwertung bereits vorhandener
Anlagen, gab den Unternehmern aber auch die Möglichkeit,
Arbeitskräfte einzusparen. (Katzenstein 1967; Katzenstein
1974) Zu den Folgen gehörte die Schwächung, ja das weitgehende Verschwinden in der Vergangenheit gewerkschaft-
lich hoch organisierter und konfliktfähiger Berufsgruppen.
Die Verschärfung der Verteilungskämpfe während der Phase
der Vollbeschäftigung legte für die Unternehmer den Ersatz
von lebendiger Arbeitskraft durch Anlagenkapital während
dieser Jahre in besonderem Maße nahe, zumal der Anstieg
der Rohölpreise Ende 1973 zusätzlichen Anlass für Versuche
gab, den Kostendruck durch Einsparungen bei den Löhnen
zu parieren. Die technologischen Möglichkeiten hierfür waren jetzt vorhanden. Ihre Umsetzung setzte allerdings ein
neues gesellschaftliches Arrangement voraus. Es wurde zum
Thema der nächsten Periode kapitalistischer Entwicklung.

8. Dritte Industrielle Revolution und Finanzmarktgetriebener Kapitalismus (1980–2012)

Allgemeine Merkmale

Der Kapitalismus seit ca. 1980 ist durch folgende allgemeine
Merkmale gekennzeichnet:

1. Die Dritte Industrielle Revolution: Durchsetzung der
   Informationstechnologie in Produktion und Kommunikation;

2. Ende der Systemauseinandersetzung mit dem sowjetischen Sozialismus seit 1989. Damit hat der Kapitalismus, wie bereits vor 1917, keine politisch gesetzte territoriale Grenze mehr;

3. Die »Rekonstruktionsperiode« (Jánossy) war Anfang der siebziger Jahre endgültig abgeschlossen. Die vorangegangene, den Kapitalismus charakterisierende, von Marx analysierte und von Piketty trotz verschiedener theoretischer Ausgangspunkte empirisch bestätigte Tendenz zur Überakkumulation trat wieder voll hervor.

4. Schwächung der Investitions- und Regulierungstätigkeit der Öffentlichen Hände (Staat, Gemeinden und gesetzlich definierte soziale Sicherungssysteme),

5. Gesteigerte Bedeutung der internationalen Finanzmärkte: der Kapitalismus wird zum finanzmarktgetriebenen Kapitalismus,

6. Internationalisierung der Produktion,

7. Ausweitung der transnationalen Investitionen,

8. Ausdehnung und Beschleunigung des internationalen Warenverkehrs.

Die Merkmale 2, 5, 6, 7 und 8 machen den Kern dessen aus, was häufig als »Globalisierung« bezeichnet wird.

Der 1973 beginnende, aber erst um 1980 sich durchsetzende Umbruch hatte – neben dem Abschluss der Rekonstruktionsperiode – folgende Ursachen, die nicht gleichzeitig, sondern zeitversetzt wirkten:

1. Nachdem die Informationstechnologie ihre protoindustrielle Phase überwunden hatte und zur weit verbreiteten Produktions- und Kommunikationsgrundlage geworden war, hatte sich das Verhältnis des in Anlagen fixierten und in Privateigentum befindlichen Kapitals zur Lohnarbeit zugunsten des ersteren verschoben. Da-

mit setzte sich zwar einerseits ein Prozess fort, der mit der Ersten Industriellen Revolution schon begonnen hatte. Er verläuft aber nicht gleichmäßig, sondern in Schüben, mit denen diese Entwicklung beschleunigt wird. Dies war jetzt der Fall.

2. Die Beseitigung der sozialistischen Gegenwelt kam als eine Bedingung der Veränderung des Kapitalismus erst relativ spät – nämlich ab 1989 – hinzu, war aber von großer Bedeutung, weil dadurch dem Kapital auch geografisch ein neuer Akkumulationsbereich erschlossen wurde. Bereits Ende der siebziger Jahre hatte in der Volksrepublik China unter Führung der Kommunistischen Partei mit marktwirtschaftlichen Reformen eine ähnliche Entwicklung eingesetzt. Gesellschaftliches Eigentum in der Industrie und an Grund und Boden blieb erhalten. Es bildete aber jetzt die Grundlage für die Akkumulation von privatem Kapital.

3. Neben China traten weitere Weltmarktakteure auf. Zu diesen gehörten das nachsozialistische Russland, Brasilien, Indien, Indonesien und Südafrika. Diese Tendenz gewann ab den neunziger Jahren an Kraft.

Der Kapitalismus war nun zwar global geworden, aber nicht einheitlich. Zwei Varianten bildeten sich heraus. Die erste ist die die vor allem privatkapitalistische Ausprägung in den USA und den OECD-Ländern, in der zweiten kontrolliert der Staat die Wirtschaft in höherem Maß, leitet sie teilweise und nutzt sie für seine dominanten politischen Ziele. Dies ist vor allem in China der Fall. Hierauf hat u. a. der Ökonom Branko Milanović hingewiesen. (Milanović 2021) Erst im Zusammenhang mit diesen drei Ursachen konnten zwei wirtschaftspolitische Entscheidungen wirksam werden:

4. die Zerstörung des 1944 errichteten Weltwährungssystems 1973 und

5. die Durchsetzung marktradikaler Strategien zunächst in
   einzelnen Staaten (Chile seit 1973, Großbritannien seit
   1979, USA seit 1981), dann auch in den internationalen
   Wirtschaftsbeziehungen (u. a. in der World Trade Organization, WTO, seit 1995).

Von *Neo*liberalismus kann insofern gesprochen werden,
als nunmehr eine Revision der zunehmenden staatlichen
Durchdringung der Wirtschaft und der nicht ausschließlich über den Markt erfolgenden Vergesellschaftung (der
»Großen Transformation«), wie sie seit dem letzten Viertel
des 19. Jahrhunderts hatte beobachtet werden können, von
Unternehmern und Regierungen angestrebt wurde. Herrschende Wirtschaftsdoktrin wurde der Monetarismus, der
die verknappende Geldmengensteuerung der Zentralbanken
als die einzige Form der Marktbeeinflussung akzeptierte.

Die wirtschaftspolitische Strategie des Deficit Spending
wurde nun durch eine – unter anderem durch die Zentralbanken forcierte – Politik des knappen Geldes abgelöst.

In allen kapitalistischen Ländern wurde – beginnend
in Großbritannien unter Premierministerin Thatcher
(1979–1990, »Thatcherismus«) und in den USA unter dem
Präsidenten Reagan (»Reagonomics«) – eine Wirtschaftspolitik propagiert (wenngleich mit unterschiedlichem Erfolg), die durch folgende Merkmale gekennzeichnet war:

1. Senkung der Einkommens-, Unternehmens-, Kapital-
   ertrags- und Vermögenssteuern sowie der Staatsausgaben,
2. Privatisierungen öffentlichen Eigentums,
3. Deregulierung der Arbeitsbeziehungen,
4. Kürzung von Sozialausgaben, zumindest teilweiser Übergang der Funktionen sozialer Sicherung von staatlich
   garantierten und paritätisch organisierten Trägern an
   private Finanzdienstleister,

5. Rücknahme staatlicher Investitions- und Steuerungs-
   tätigkeit und deren Ersetzung durch das Laisser-Faire der
   (internationalen Finanz-)Märkte,
6. Priorität der Geldwertstabilität.
7. Technische Beschleunigung und Beseitigung vieler recht-
   licher Restriktionen im Kapitalverkehr an den Börsen mit
   dem so genannten »Big Bang« (Beseitigung der Trennung
   von Eigenhändlern und Maklern, Entgrenzung der
   Provisionen, Übergang vom Parkett- zum Computer-
   geschäft) an der Londoner Börse 1986.

Der Arbeitsmarkt wurde in höherem Maße als vorher zur
abhängigen Variablen der Geldwertstabilität.

   Die kapitalistischen Zentren wurden zu *Problematischen
Überschussgesellschaften*. Überschuss bestand an

1. Kapital
2. und an Zeit. Die wissenschaftlich-technische Entwicklung
   hatte es längst ermöglicht, die lebensnotwendigen Güter
   in einem Bruchteil der früher benötigten Produktions-
   zeit herzustellen. Die Senkung der Erwerbsarbeitszeit
   trug dem nicht ausreichend Rechnung. Zusammen mit
   dem Nachfrageausfall war dies die Ursache für die seit
   Mitte der siebziger Jahre anhaltende Massenarbeitslosigkeit und für die Lohndämpfung dort, wo ein höherer Be-
   schäftigungsgrad gehalten oder wiederhergestellt werden
   konnte. Deshalb werden diese Überschussgesellschaften
   hier als problematisch bezeichnet.

Zu den bislang bekannten Gewinnformen (Mehrwert, Handelsgewinn, Innovationsgewinn, Monopolgewinn) – die weiterhin ihre Relevanz behielten – trat nun als nicht völlig neue,
aber jetzt besondere relevante Form der Kapitalhandlungsge-
winn an der Börse, insbesondere aus dem Handel mit Krediten, die in Form immer neuer »Produkte« angeboten wurden.

Der Konjunkturverlauf kann weltweit, aber mit nationalen Abweichungen, so beschrieben werden:

- Einbruch 1974/75,
- Aufschwung bis Anfang der achtziger Jahre,
- Rezession 1982, der ein
- weiterer Aufschwung folgte: 1982–90 (in Deutschland aufgrund des Wiedervereinigungsbooms bis 1992 verlängert),
- Rezession 1992/1993,
- seit Mitte der 1990er Jahre mit einem Boom an den Märkten der auf das Internet gestützten »New Economy« 2001,
- Platzen der Informationstechnologie (IT)-Blase 2000/2001 und Dämpfung bis 2003,
- Vor allem durch US-amerikanische Kreditaufnahmen finanzierter Aufschwung seit ca. 2003/2004, der
- 2007/2008 durch eine schwere Krise beendet wurde.

Japan geriet ab 1989/90 in eine lang dauernde deflationäre Entwicklung, von der es sich im folgenden Jahrzehnt und auch nach der Jahrtausendwende bei lediglich noch schwachen Aufschwüngen nur unzureichend erholte.

Die prägende Entwicklung in der stofflichen Basis war die Dritte Industrielle Revolution. Sie bestand in der Durchdringung von Produktion, Kommunikation, Verwaltung und Warenverkehr durch die elektronische Informationstechnologie. Durch die Satellitenübertragung, ein Produkt der Weltraumfahrt, wurde die Nachrichtentechnik vorangebracht.

Die Gentechnologie erreichte die Schwelle zwischen Protoindustrie und einer weiteren, in diesem Zeitraum allerdings noch nicht voll durchgesetzten weiteren Industriellen Revolution. In der Pflanzenproduktion allerdings wurde sie schon zu einem wichtigen Wirtschaftsfaktor, während ihre Anwendung auf Menschen und Tiere noch stärker umstritten blieb. Deutlich unterhalb der Marke einer denkbaren weiteren Industriellen Revolution blieben auch am Anfang des 21. Jahrhunderts die Entwicklung erneuerbarer Energien und die breite Anwendung energiesparender Verfahren. Die auf die Quantenphysik und -chemie gestützte Nanotechnologie wurde in wachsendem Maß angewandt.

Die elektronische Informationstechnologie drang über den

1. Bereich der Fertigung (Prozessinnovation), für den sie schon am Beginn dieser Periode zunehmend charakteristisch geworden war, nun in

2. Vertrieb und Bürokommunikation (= Erweiterung der Prozessinnovation) sowie in

3. das Angebot neuer Waren für den Endverbrauch vor (z. B. Taschenrechner, Personal Computer und Mobilfunk-Telefone).

4. Das Internet – zunächst in den USA für militärische Zwecke entwickelt – wälzte die Kommunikation in Wirtschaft, Verwaltung und Privatleben um und bildete eine neue Infrastruktur (wie im 19. Jahrhundert die Eisenbahnen und im 20. Telefon Radio und Fernsehen).

Die unter Punkt 3. aufgeführte Produktinnovation stützte die Aufschwünge der achtziger und neunziger Jahre und schuf auch neue Arbeitsplätze. Zeitweilige Sättigung des Marktes in diesem Bereich vertiefte die Rezession von 2001. Die Durchdringung von Bürokommunikation und Vertrieb mit elektronischer Informationstechnologie (Nr. 2) sowie deren weitere Ausbreitung in der Fertigung (Nr. 1) hatten negative Beschäftigungswirkungen. Kombiniert mit einer Wirtschaftspolitik, die in Europa nicht an einer Stärkung der Massenkaufkraft orientiert war und eine Drosselung von Einnahmen und Ausgaben der öffentlichen Hand bevorzugte, überwogen dort über die Zyklen hinweg die negativen Auswirkungen auf den

Arbeitsmarkt: Im jeweiligen Boom und in der jeweiligen Rezession waren die Arbeitslosenzahlen in vielen Ländern höher als in der vorangegangenen vergleichbaren Phase.

Die Finanzmärkte nahmen neben den Märkten für materielle Güter und Dienstleistungen sowie dem Arbeitsmarkt nun eine stärkere, ja eine zentrale Stellung ein. Das Geld selbst wurde zur Ware, die neben den klassischen Aktien an den Börsen erstanden und veräußert wurde. Beim Aktienhandel wurde oft nicht mehr nur mit Wertpapieren, sondern Derivaten kalkuliert, z. B. mit Rechten auf Kauf oder Verkauf zu einem vorher vereinbarten Preis zu einem gegebenen Zeitpunkt unabhängig von dem aktuell tatsächlich erreichten Kurs (Optionen), mit dem Kauf und Verkauf von Zins- oder Dividendenansprüchen bzw. Kursdifferenzen (Swaps), generell mit einer Vervielfältigung der Termingeschäfte (Futures). Der Begriff des »Produkts« gewann eine zusätzliche Bedeutung: Häufig wurden darunter nun Kreationen am Finanzmarkt verstanden, wodurch der – ebenfalls neue und zeitweilig modische – Begriff der »Virtualität« aus dem Bereich der Informationstechnologie, wo er entstanden war, in den der Gesellschaftsbeschreibung übertragen wurde.

Die Organisation des Kapitals

Die Produktion einer einzelnen Ware fand in immer geringerem Maße an einem einzigen Standort für die jeweilige Ware statt – auch auf sie kann der Begriff der Globalisierung angewandt werden. Die Fertigungstiefe für einzelne Produkte wurde durch Outsourcing verringert.

Im Verhältnis der Branchen zueinander fand eine Verschiebung statt durch ein (verglichen mit der materiellen Produktion und anderen Dienstleistungen) überdimensionales Wachsen des Finanzsektors. (Zeise 2009)

Die Beziehung von Staat und Kapital war durch einen weitgehenden Rückzug der Öffentlichen Hand aus der Wirtschaftsorganisation, durch Privatisierung und Deregulierung gekennzeichnet. Bislang staatliche, kommunale oder genossenschaftliche Infrastruktur wurde durch ihre Privatisierung zu Kapital.

Die Unternehmensführung wurde nunmehr in geringerem Maße von Gesichtspunkten des Manager- als durch solche des Shareholder-Kapitalismus bestimmt. Teilweise war der Börsenwert einer Aktiengesellschaft wichtiger als ihre Dividende: Gewinne wurden aus ihrem Kauf (freundliche oder feindliche Übernahme) und Verkauf gezogen. Die Leistung des Vorstandes – insbesondere seines Vorsitzenden – bemaß sich am Aktienkurs bei der Veräußerung von Wertpapieren des entsprechenden Unternehmens. Ebenso wurden die Währungen zum Gegenstand von Börsentransaktionen. Für diesen neuen Typ des Kapitalismus wurde seit den achtziger Jahren von Kritiker(inne)n der Begriff des Casino-Kapitalismus gebraucht. (Strange 1986)

Die anhaltende Nachfrageschwäche für den Massenverbrauch drängte brachliegendes Kapital nicht nur an die Börse für Aktien, sondern auch ins Anleihegeschäft. Abnehmer waren in hohem Maße Entwicklungsländer. In den achtziger Jahren zeichneten sich Schwierigkeiten bei der Tilgung ab. Dieser Verschuldungskrise sollte der so genannte »Washington Consensus« (1990) entgegenwirken: Zentral standen dabei die Geldwertstabilität (um den Gläubigern Sicherheit zu geben), der Abbau staatlicher Leistungen, Konsumdrosselung, Liberalisierung des Außenhandels, niedrige Steuern und Privatisierung – insgesamt eine klassische Agenda des Marktliberalismus.

Die Organisation der Arbeit

Durch die Industrialisierung nachkolonialer Gesellschaften nahm die Zahl der Lohnabhängigen, auch der Handarbeiter(innen) weltweit zu. In den alten kapitalistischen Zentren verminderte sich allerdings der Anteil der »blue collar workers«.

Die Möglichkeiten zur Kartellierung der Arbeitskraft gingen in den Metropolen zurück, während sie in den neu industrialisierten nachkolonialen Gesellschaften und in den neukapitalistischen ehemals sozialistischen Ländern nur relativ geringfügig wahrgenommen wurden. Zu den Ausnahmen gehörten die Gewerkschaften in Südkorea und der aus einer starken Gewerkschaftsbewegung erwachsene Partido do Trabalhadores (gegründet 1980) in Brasilien, der mit Lula da Silva seit 2002 den Staatspräsidenten stellte.

In Ostasien, insbesondere in China, entstand eine viele Millionen starke, aus der Bauernschaft rekrutierte Arbeiterklasse der ersten Generation, die in einigen Zentren (vor allem in der Automobilindustrie) ihre Interessen in militanten Streikaktionen vertrat.

In den kapitalistischen Zentren Europas war die Arbeiterklasse bereits seit den fünfziger Jahren des 20. Jahrhunderts durch Einwanderung und so genannte »Gastarbeitsverhältnisse« in ähnlicher Weise segmentiert wie in den USA von Anfang an. Eine langfristige Schwächung der Gewerkschaften erfolgte durch die ständige Massenarbeitslosigkeit. Wurde sie gesenkt – z. B. in den Vereinigten Staaten und in den Niederlanden –, erfolgte dies um den Preis von Lohnminderungen. In den Vereinigten Staaten wurden die Einkommen der Niedrigverdiener in den neunziger Jahren in problematischer Weise durch die Möglichkeit hoher Verschuldung mit Hilfe von Krediten für Wohneigentum (ohne

Einsatz von Eigenkapital) und Kreditkarten scheinbar aufgestockt.

Wo sozialdemokratische Parteien an der Regierung waren, näherten sie ihre Politik dem neoliberalen Muster an.

Soziale Sicherung

Während der Periode 1945–1980 war die Daseinsvorsorgefunktion der Familien in den kapitalistischen Zentren ansatzweise durch öffentlich-rechtliche Sicherungssysteme ergänzt bzw. ersetzt worden. Innerhalb des marktradikalen Kurses der Rückführung von staatlichen bzw. öffentlich-rechtlichen Sozialfunktionen wurden diese Leistungen nun reduziert, ohne dass die Familien ihre früheren Aufgaben hätten wieder aufnehmen können: Ein-Personen-Haushalte, »unvollständige« Familien mit nur einem erziehenden Elternteil, generell aber das Überwiegen von Zwei-Generationen-Familien (in welche die Großelterngeneration nicht mehr integriert war) hätten einer solchen Anforderung nicht mehr genügen können. Traditionelle familiale und sozialstaatliche Formen der Vergesellschaftung waren zumindest teilweise durch eine Individualisierung abgelöst worden, deren Leistungsfähigkeit zur sozialen Absicherung sich weitgehend auf den Markt stützen musste.

Das räumliche Arrangement

Mit dem Ende der Sowjetunion wurde nahezu die gesamte bisherige sozialistische Gegenwelt (Ausnahmen: Kuba, Nordkorea) kapitalistisch. Dies galt mit Zeitverzögerung auch für China und Vietnam, die nach wie vor von einer kommunistischen Partei regiert wurden. Auch diejenigen nachkolonialen Staaten, die vorher sozialistisch optiert hatten, versuchten sich dem kapitalistischen Weltmarkt zu öffnen und einen Weg kapitalistischer Binnenentwicklung einzuschlagen.

Aus diesen Gründen empfiehlt es sich, für diese Periode zwischen alt- und neukapitalistischen Gesellschaften zu unterscheiden.

Zu den altkapitalistischen Gebieten gehören West-, Mittel- und Nordeuropa, Nordamerika, Japan, Neuseeland und Australien.

Neukapitalistisch waren die ehemals sozialistischen und die nachkolonialen Gesellschaften. Der Sammelbegriff »Dritte Welt« war nunmehr nicht nur wegen des Wegfalls der sozialistischen bisherigen »Zweiten Welt« unbrauchbar geworden, sondern auch weil die Unterschiede zwischen den einzelnen nachsozialistischen und nachkolonialen Gesellschaften sehr groß wurden. Der ärmste Teil der ehemaligen »Dritten Welt« – zum Beispiel das subsaharische Afrika – wurde zuweilen als »Vierte Welt« bezeichnet. Andererseits haben Hongkong, Singapur, Südkorea und Taiwan (die »vier kleinen Tiger«) in den achtziger Jahren eine schnelle Industrialisierung durchlaufen und in Einzelbereichen – zum Beispiel Südkorea im Schiff-, aber auch im Automobilbau – beachtliche Weltmarktanteile an sich gebracht (bevor es in den neunziger Jahren für Südkorea zu Rückschlägen durch die Finanzkrise kam).

Kanada, die USA und Mexiko gründeten in den neunziger Jahren die Nordamerikanische Freihandelszone NAFTA, die europäische Integration erreichte in der gleichen Zeit mit der Gründung des einheitlichen Binnenmarktes, der Einführung einer gemeinsamen Währung (Euro), der formellen Gründung einer »Europäischen Union« (EU), die sich um nachsozialistische Gesellschaften erweiterte, eine neue Entwicklungsstufe.

Staat und Politik

Seit ca. 1989 fanden folgende Veränderungen von Staatlichkeit statt:

1. Mit dem Zusammenbruch der meisten sozialistischen Systeme entstanden einerseits neue repräsentative Demokratien in Mittel- und Osteuropa, andererseits in Zentralasien (aber auch in Teilen Europas) autokratische und kapitalistisch-oligarchische Systeme.

2. In Lateinamerika ging die Periode der Militärdiktaturen zu Ende. Eine der letzten von ihnen war allerdings erst 1976 errichtet worden: in Argentinien. Dieses blutige Folterregime bestand bis 1983. In Guatemala fand 1983 ein Militärputsch statt, 1985 kehrte das Land zu einem Zivilregime zurück. In Chile wurde die Diktatur 1990 durch eine parlamentarische Demokratie ersetzt.

3. Die Südafrikanische Union ist seit Anfang der neunziger Jahre keine rassistische Minderheitsrepublik mehr.

4. Ein völlig neues Phänomen aber sind die »Failing States« in Afrika und Teilen Asiens: in ihnen ist fast jede Staatlichkeit zerfallen.

5. Reduzierte Staatlichkeit findet sich auch in Off-Shore-Finanzzentren, die aus bestehenden Staaten herausgelöst und als Umschlagsplätze für Spekulationskapital und als Steueroasen dienen (z. B. die Kaiman-Inseln).

6. Aber auch die weiter bestehenden klassischen Staaten reduzierten die Möglichkeiten der Öffentlichen Hand durch eine Politik des Einnahmeverzichts und der Ausgabenvermeidung. Ihre dennoch weiter bestehende (zum Teil sogar steigende) Verschuldung war nicht Ergebnis einer keynesianischen Strategie der Wachstumsförderung, sondern resultierte vielmehr aus einem ständigen Scheitern der Sparpolitik, die – etwa durch hohe Arbeitslosigkeit – neue Staatsaufwendungen notwendig machte.

Eine Weltwirtschaftskrise, die – beginnend in der Immobi-
lien- und Bankenbranche 2007 – in der zweiten Jahreshälfte
2008 auch den Produktionsbereich erfasste, war die Wieder-
aufnahme ihrer Vorgängerkrise von 1975. Ihre besondere
Heftigkeit erklärt sich durch diese Verschleppung.

Kapital, das damals der Produktion entzogen wurde,
war in die Zirkulation verlagert worden. So entstand auch
dort Überakkumulation: die Finanzwirtschaft wuchs stärker
als die anderen Branchen. Immerhin kehrte Kapital in den
neunziger Jahren von dort wieder in die Produktion zurück:
es wurde in die Massenherstellung von Konsumgütern der
Informationstechnologie investiert. Um die Jahrtausendwende entstanden dann auch dort Überkapazitäten, was zum
Einbruch 2001 führte. Diese Krise war durch Massenkredite
überwunden worden. Hierbei kam den Vereinigten Staaten
von Amerika eine besondere Bedeutung zu: sie verschuldeten
sich so sehr, dass von ihnen eine starke Nachfragewirkung
auf Exportwirtschaften wie China und Deutschland ausging.
Diese Stimulierung der Ausfuhr führte dort zunächst zur
Vernachlässigung des Binnenmarktes und damit zu hoher
Abhängigkeit von der Konjunkturentwicklung in den USA.
Dort erleichterte die Niedrig-Zins-Politik der Zentralbank
Kreditaufnahme, die einerseits das Börsengeschäft, andererseits den Konsum belebte. Auch letzterer war spekulations-
getrieben: einkommensschwache Kund(inn)en konnten
sich ebenfalls unverhältnismäßig hoch verschulden. Dies
galt besonders für den Immobiliensektor. Wer ein Haus er-
werben wollte, konnte mit nur geringem Eigenkapital Hypotheken aufnehmen. Die dadurch stimulierte Nachfrage nach
Immobilien führte zu deren Aufwertung, sodass nach einiger
Zeit eine aufgestockte Verschuldung möglich war, die durch
das im Preis gestiegene Eigentum gesichert schien. Die Ban-

ken verkauften die Kredite oft weiter und bedienten sich
dabei neu geschaffener Finanzinstrumente, darunter der so
genannten »strukturierten Wertpapiere«. Diese waren ge-
bündelte Schuldverschreibungen von unterschiedlicher Bo-
nität, die häufig von Rating-Agenturen zu hoch bewertet
wurden. Als Verbindlichkeiten nicht mehr bedient werden
konnten und Immobilien massenhaft zum Kauf angeboten
werden mussten, stürzten deren Preise ab: eine Spekula-
tionsblase platzte. Dies zog zunächst die Banken, die die
Immobilienkredite begeben hatten, in Mitleidenschaft. Ihre
Liquidität verfiel und sie waren teils nicht mehr in der Lage,
teils nicht mehr bereit, Kredite an andere Geldinstitute zu
geben, insbesondere weil davon ausgegangen werden musste, dass die Sicherheiten, die ihnen angeboten wurden,
wertlos waren.

Die Immobilien- und Finanzkrise begann am 9. August
2007, als die Bank BNP Paribas drei Fonds einfror, die mit
ungedeckten Krediten des US-Hypothekenmarkts belastet
waren. Zunächst wurde sie noch von einem Boom bis in die
erste Jahreshälfte 2008 überlagert. Dann aber gerieten immer mehr Banken, die Hypotheken in ihren Beständen hatten, in Schwierigkeiten. Das Immobiliengeschäft war aber
nicht ihr einziges Risiko. Eine weitere Gefährdung ging von
Fonds aus, die von allen Regulierungen befreit waren. Zu
den »Produkten«, die sie kauften und verkauften, konnten
ganze Konzerne gehören. Gemeinsam war allen diesen Ein-
richtungen, dass sie ihre Investitionen mit geliehenem Geld,
das ihre Eigenmittel weit überstieg, betrieben. Konnten sie
die Tilgung nicht mehr bewerkstelligen, traf dies die Banken,
bei denen sie verschuldet waren. 2008 wurde das große US-
amerikanische Geldhaus Lehman Brothers zahlungsunfähig.

Die allgemeine Liquiditätsverknappung führte dazu, dass

die Hypotheken- und Finanzkrise auf die so genannte Real-
wirtschaft – Produktion und Dienstleistungen außerhalb
der Kreditbranche – durchschlug. Kapital, das vorher an
die Finanzmärkte verlagert worden war, brachte dort kurz-
fristig nicht mehr die bisherigen hohen Renditen und war
teilweise sogar vernichtet worden. Banken wurden in ihrer
Kreditvergabe zurückhaltend, wodurch die Liquidität von
Industriebetrieben gefährdet war. Einbrechen der Nachfrage
führte zur Unterauslastung von Anlagekapital. Damit kehrte
die Überakkumulation wieder in den Bereich zurück, von
dem sie bereits in den siebziger Jahren ausgegangen war. Es
handelte sich jetzt um eine allgemeine Wirtschaftskrise.

In wenigen Monaten mussten die Doktrinen des wirt-
schaftspolitischen Laisser-Faire, die von ihren akademischen
und publizistischen Verfechtern dennoch aufrechterhalten
wurden, in der Praxis relativiert werden. Banken wurden ver-
staatlicht, Einlagen durch die öffentliche Hand garantiert.
Die Zentralbanken versorgten die Finanzmärkte reichlich
mit Geld. Staatshaushalte nahmen Kredite in Rekordhöhe
auf. Diese Maßnahmen dienten dazu, bestehende Überkapazitäten zu erhalten, vor allem bei Finanzdienstleistungen und
im Automobilbau. Die gleichzeitige schwere Krise u. a. von
General Motors in den USA und großer Banken und Versicherungen verband zwei Wirtschaftszweige, die typisch für
zwei verschiedene Phasen des Kapitalismus waren: das »Gol-
dene Zeitalter« (1945–1980) und den durch die territoriale
und klassenpolitische Entgrenzung des Kapitals bestimmten
finanzmarktbetonten Kapitalismus vor allem der neunziger
Jahre des 20. Jahrhunderts.

Die Stützung der Privatwirtschaft durch die Öffentlichen Hände steigerte deren Verschuldung. So folgte auf die
Bankenkrise eine Krise der Staatshaushalte. Deren Anleihen

– sowie die der Unternehmen – werden ebenso auf den Finanzmärkten gehandelt wie die Währungen, in denen sie notiert sind. Die Schuldenkrise verband sich mit einer ab 2010 immer deutlicher werdenden Währungskrise durch Vertrauensverlust gegenüber dem Euro bzw. Dollar. Ab 2012 ging die Europäische Zentralbank dazu über, Anleihen schwer defizitärer südeuropäischer Staaten aufzukaufen und erschwerte dann die Spekulation mit diesen Papieren. Die Ursache der langjährigen Depression, die Überakkumulation von Kapital, wurde dadurch nicht behoben. Auch die Niedrigzinspolitik der Europäischen Zentralbank und des Federal Reserve System in den USA wirkte nicht konjunkturbelebend, sondern verhinderte allenfalls einen neuen Absturz. Die Krise war ab 2012 weniger überwunden als lediglich suspendiert.

9. Digitaler Kapitalismus, neue Wachstums-
zonen, Zweiter Imperialismus (2012 ff.)

Mit der Weltwirtschaftskrise 2007 – 2012 endete nicht die u. a. durch die territoriale und klassenpolitische Entgrenzung des Kapitals bestimmte Phase des Kapitalismus, die nach 1980 eingesetzt hatte, aber sie nahm einen neuen Charakter an. Der Begriff »Neoliberalismus«, mit dem sie häufig bezeichnet wurde, charakterisiert nicht einen Zustand, sondern einen Prozess: die Beseitigung staatlichen und kommunalen Eigentums sowie von öffentlich-rechtlichen Regulierungen. In dem Maße, in dem diese voranschritt, verringerte sich fürs Erste die Verfügungsmasse, die noch von ihr erfasst werden konnte. Re-Regulierungen, die allmählich in Angriff genommen wurden, beendeten nicht die starke Stellung der Finanzmärkte, dämmten aber die Permanenz ihrer extremen speku-

lativen Ausschläge ein. Indem staatliche oder supranationale
Institutionen in Wirtschaftsprozesse eingriffen, um Banken
und Unternehmen zu retten, traten die Öffentlichen Hände
wieder als ökonomische Akteure – wenngleich im Interesse
kapitalistischer Eigentümer und bei gleichzeitig erhöhtem
Druck auf Unterklassen und Mittelschichten – auf. Hinzu
kommt die Verfügung von Staaten wie China und erdölrei-
cher arabischer Länder über Rohstoff- und industrielle Ressourcen in der Hand politischer Machteliten.

Insgesamt treten im 21. Jahrhundert vier weitere Tendenzen hervor:

1. die Fortdauer der Biosphären-Krise,
2. der Beginn eines neuen Abschnitts der Dritten Industriellen Revolution infolge des sich beschleunigenden Einsat-
   zes (teil)autonomer Maschinen (zuweilen auch als »Vierte
   Industrielle Revolution« oder »Industrie 4.0« bezeichnet),
3. die Entstehung neuer kapitalistischer Zentren in Asien,
   (Süd-)Afrika und Lateinamerika,
4. der Zweite Imperialismus.

Hierzu im Einzelnen:

Ein Verbindungsglied zwischen den ersten beiden Tatsachen ist die ständige Steigerung der Arbeitsproduktivität,
die sich seit dem Beginn der Ersten Industriellen Revolution
beschleunigte und zu einer immer stärkeren Belastung von
Senken (Boden, Luft und Wasser, Erderwärmung) führt. In
der sich seit Beginn des 21. Jahrhunderts anbahnenden Ver-
tiefung des Automatisierungsprozesses liegt zumindest die
Gefahr, dass diese Entwicklung sich fortsetzt. Einsparung
von Anlagekapital verbindet sich mit weiter wachsendem
Durchsatz von Rohmaterial und mit der immer noch zunehmenden Erzeugung von Abstoffen und Abwärme. Die

Förderung von Erdgas und -öl durch »Fracking« (Hydraulic Fracturing) – Aufbrechung von Gestein- und Erdschichten unter hohem Wasserdruck – erweitert noch einmal den Zugang zu diesen fossilen Energiequellen und kann zugleich die Umweltproblematik verschärfen. Weltklimakonferenzen definierten mit unsicheren Erfolgsaussichten Grenzen künftiger Erderwärmung, Versuche, durch den Einsatz von Bionik (technische Nachahmung von ressourcenschonenden Naturprozessen) umweltneutrales Wachstum zu schaffen, erreichten bislang allenfalls den Status einer neuen Proto-Industrie.

Dagegen waren die Effekte der Dritten Industriellen Revolution (als deren Bestandteil die so genannte Vierte gelten kann) für das Verhältnis von Kapital und Arbeit von Anfang an unverkennbar.

Die Erste Industrielle Revolution des 18. und 19. Jahrhunderts hatte aus selbständigen oder unfreien Bauern, Handwerkern oder Heimarbeitern Lohnarbeiter, deren Zahl sich dadurch sehr erhöhte, gemacht. Spätere Generationen dieser Klasse wuchsen in die Zweite Industrielle Revolution, in der neben der fortgesetzten Prozessinnovation die Produktinnovation stärker als bislang hervortrat, hinein. Dadurch entstanden neue Märkte, zu deren Belieferung die Lohnarbeiterklasse noch weiter wuchs. Die Zeit der Dritten Industriellen Revolution dagegen bot ein gespaltenes Bild: Während in den ehemals sozialistischen, jetzt neukapitalistischen Gesellschaften und in den Ländern nachholender Entwicklung die Lohnarbeit zunahm, wurde sie in den altkapitalistischen Zentren durch den Einsatz von Informationstechnologie teilweise geschmälert und dequalifiziert. Dies und die Verlagerung von klassischer industrieller Handarbeit in Staaten mit extrem niedriger Entlohnung verstärkten die Herrschaft des Kapitals über die Arbeit. Die zunehmende Anwendung von (teil) autonomen Maschinen – Automaten, die sich partiell selbst programmieren, ja ihrerseits wieder Automaten herstellen können und auch in einem gewissen Maß geistige Arbeit ersetzen (Kurz/Rieger 2013) – verstärkt diese Tendenz noch. In wachsendem Maße wird auch nichtkörperliche Arbeit durch Informationstechnologie abgelöst.

Die Digitalisierung formte auch zunehmend das territoriale Arrangement des Kapitalismus. Dies galt schon für das Ende des Systemkonflikts. Das Ende der sozialistischen Gegenwelt hatte zwar in hohem Maße interne Gründe. Hinzu aber kam ein Anstoß von außen: die Aufhebung des atomaren Patts durch die Fähigkeit der USA, die Sowjetunion auf dem Gebiet ferngelenkter und sich teilweise selbst steuernder Waffen zu überrüsten. So wurde die »One World« des globalisierten Kapitalismus durch eine Entwicklung der Militärtechnik vorbereitet. Anschließend wurde sie durch das Internet informationell durchdrungen, wobei die altkapitalistischen Zentren durch ihren Vorsprung die bislang in Unterentwicklung verbliebenen und die nachholenden Gesellschaften auf diesem Gebiet weiterhin dominierten. Ihr Vorsprung in der Militärtechnologie – und hier vor allem das Übergewicht der USA – wuchs durch die Entwicklung von teils ferngesteuerten, teils mit der Fähigkeit zu eigener Zielfindung ausgestatteten Waffen (»Drohnen«) sowie der universellen Ausspähung, die von der US-amerikanischen National Security Agency (NSA), aber auch von den Geheimdiensten anderer hochentwickelter Länder betrieben wurde und in deren Anwendung sich einerseits eine internationale Hierarchie durch unterschiedliche Beherrschung solcher Technologien, andererseits eine Art multizentrischer neuer Rüstungswettlauf herausbildete. Eine andere neue Form der Kriegführung wurde der »Cyberwar«: die Ausschaltung oder Manipulation gegnerischer Software.

Die Zusammensetzung der Kapitalistenklasse änderte sich erneut: Neben die Eigentümer und Vorstände von Fonds und Großbanken traten die Betreiber weltweit wirkender Big-Data-Unternehmen, die einen Informations- und Lenkungsvorsprung gegenüber den anderen Teilen der Gesellschaft errangen.

Nach der Krise von 2007 ff. wurde unverkennbar, dass ein neuer Zyklus kapitalistischen Wachstums eingesetzt hatte, dessen Schwerpunkte nicht mehr in Europa und Nordamerika liegen, sondern in Asien, daneben, weniger deutlich, auch in Lateinamerika und (Süd-)Afrika. (Trampert 2014; Goldberg 2015) Zwar zeichnete sich ab, dass diese Krise sich von den denjenigen der Jahre 1873 ff., 1929 ff. und 1975 dadurch unterschied, dass der Kapitalismus in seinen alten Zentren nicht in einen neuen Typus überging, aber zugleich wurde eine globale Verschiebung der Kräfteverhältnisse sichtbar: durch einen »Aufstieg des Südens« (Lateinamerika, Asien, [Süd-]Afrika), der höhere Wachstumsraten als die altkapitalistischen Länder Europas und Nordamerikas und bessere Platzierungen in der Wertschöpfungskette (wo er nicht länger auf die Lieferung von Rohstoffen beschränkt blieb) erzielte. (Goldberg 2014 und 2015)

Zugleich stellte sich die durch die Bipolarität der Jahrzehnte 1917–1991 unterbrochene Form imperialistischer internationaler Interessenwahrnehmung – jetzt allerdings bei Vergrößerung der Zahl der Akteure zumindest um China und Ersetzung des einstigen Deutschen Reiches durch die Europäische Union – wieder her.

In Absetzung zum »Ersten Imperialismus« (ca. 1870 bis 1945, einschließlich der gescheiterten Abwehr der Entkolonisierung: bis 1975) soll diese neue Konstellation als »Zweiter Imperialismus« bezeichnet werden. Seine Merkmale sind:

1. Marktförmige und nur indirekt militärische Sicherung der Rohstoffversorgung für die hochentwickelten kapitalistischen Gesellschaften statt der für den kolonialistischen Ersten Imperialismus charakteristischen hoheitlichen Landnahme zwecks unmittelbarer ökonomischer Ausbeutung,

2. Waren- und Kapitalexport und die Errichtung internationaler (auch währungs- und handelspolitischer) Regimes, die in noch höherem Maße als in der Periode 1945–1980 Vorteile für diese Zentren (Extraprofite durch Investitionen in Niedriglohnländern, Erweiterung der Absatzmöglichkeiten industriell führender Länder durch Beseitigung von »Handelshemmnissen«) sichern sollen,

3. Präventive indirekte militärische Kontrolle über das Umfeld solcher Metropolen, kombiniert (wie auch schon in der Phase 1945–1980) mit fallweisen kriegerischen Offensiven.

Innerhalb des Zweiten Imperialismus können zwei Varianten unterschieden werden: eine globale und eine regionale.

Die Vereinigten Staaten von Amerika stehen für den Versuch eines globalen Imperialismus – China, Russland und mehrere Staaten des Nahen und Mittleren Ostens für den regionalen. Durch das Bündnis mit den USA hat die Europäische Union Anteil auch an der globalen Version des Zweiten Imperialismus. Mit ihren Handelsbeziehungen zu Lateinamerika und Afrika versucht die Volksrepublik China ihre Rohstoffzufuhr zu sichern. Ab 2013 nahm sie das Projekt einer »Neuen Seidenstraße« (One Belt, One Road / Belt and Road) in Angriff: einer auf sie ausgerichteten Handels- und Infrastruktur, die Teile Asiens, Afrikas und Europas einbezieht. Gegenüber Japan betreibt sie eine Politik präventiver, gegenüber den Staaten Indochinas zugleich der versuchten hegemonialen Kontrolle. Gleiches gilt für Russland im Verhältnis zu ehemaligen Sowjetrepubliken. Die Interessengegensätze

zwischen den einzelnen imperialistischen Akteuren führen zu
Beginn der zwanziger Jahre zu internationalen Konflikten, de-
ren militärische Komponenten zunehmen. 2022 begann die
Russische Föderation einen Angriffskrieg gegen die Ukraine.

Der Erste Imperialismus war von Pan-Bewegungen, die
bestehende Staaten in Frage stellen (Pangermanismus, Pan-
slawismus), begleitet gewesen. Als eine solche kann – im
Zweiten Imperialismus – auch der Islamismus gelten. Mit
dem staatlich organisierten, laizistischen und räumlich enger
begrenzten Panarabismus der sechziger Jahre hat er nichts gemeinsam. Rechtspopulistische Bewegungen in Europa und
in den USA nahmen den Islamismus zum Vorwand für ihre
fremdenfeindliche Agitation.

Sie sind ihrerseits in hohem Maße Ergebnis der marktradikalen Neuen Weltordnung nach dem Ende des Kalten Kriegs.
Dabei zeichneten sich folgende Konflikte ab:

1. Die Konkurrenz zwischen den hochentwickelten bisherigen kapitalistischen Metropolen verschärft sich.
2. Die Dominanz der altkapitalistischen Gesellschaften ist
   durch neu aufsteigende Mächte, insbesondere China, he-
   rausgefordert.
3. In Regionen, die hinter den neuen und alten Zentren
   zurückbleiben, breitet sich Staatszerfall aus, insbesondere
   in Teilen Afrikas und des Nahen und Mittleren Ostens.
   Menschen fliehen vor Kriegen und Perspektivlosigkeit.
   Diese Flüchtlingsströme verbleiben mehrheitlich in diesen Gebieten selbst, teils versuchen die Menschen die
   hochentwickelten Zentren zu erreichen. Dort werden sie
   von fremdenfeindlichen Bewegungen bekämpft.
4. Offensichtlich ist der nach dem Kalten Krieg ausgerufene
   universelle Freihandel an eine Grenze gestoßen und könnte durch einen neuen Protektionismus abgelöst werden.

10. Kein Ende abzusehen

Seit der Weltwirtschaftskrise 2007 ff. mehren sich antikapitalistische Protestbewegungen und Stimmungen, letztere häufig auch in den Feuilletons großer Zeitungen artikuliert. Zwar sind sie teilweise auch mit Überlegungen über ein etwaiges Ende dieser Produktionsweise verbunden (Streeck 2014), doch sind sie letztlich nicht Ausdruck einer sich ankündigenden Aufhebung des Kapitalismus, sondern eher seiner neuerlichen Transformation, wahrscheinlich sogar seiner neuen Vitalisierung, insbesondere außerhalb seiner alten Kerngebiete in Europa und Nordamerika.

In seinem Buch »Das Kapital im 21. Jahrhundert« hat Thomas Piketty den Aufbau stets zunehmender Ungleichheit bis 1913 beschrieben. Die Überakkumulation von Vermögen entlud sich in der darauf folgenden Katastrophenperiode der imperialistischen Kriege. Piketty verwies darauf, dass der Grad der Ungleichheit in der Gegenwart einen ähnlichen Stand erreicht hat. Eine weitere Parallele stellt das Wiederaufleben von außenpolitischen Konflikten mit Kriegsgefahr dar, wie sie den Ersten Imperialismus kennzeichneten. Wenn nicht ein Ende, sondern eher eine neue Transformation des Kapitalismus zu erwarten ist, dann kann diese durchaus katastrophale Züge annehmen. Seine immer wieder je aktuell falsifizierte oder doch relativierte apokalyptische Perspektive erscheint realistischer als irgendwelche harmonisierenden Varianten. Dies gilt nicht nur für die Kriegsgefahren, sondern auch für die Biosphären-Krise, hier aktuell besonders für die Erderwärmung. Ob diese im Rahmen des Kapitalismus so einzudämmen ist, dass eine Katastrophe vermieden werden kann, bleibt strittig.

III. Was soll man lesen?

Das nachfolgende Literaturverzeichnis ist einschüchternd. Dies muss nicht sein. Es sind hier im Wesentlichen nur Schriften genannt, die bei der Erstellung dieses Büchleins herangezogen worden sind oder auf die verwiesen wurde. Wer sich aber selbständig um Analyse und Geschichte des Kapitalismus bemüht, darf sich zunächst mit einer Erstausstattung begnügen, die sich sogar noch einmal halbieren lässt. Nicht aus Gründen, die in der Sache liegen, sondern aufgrund verschiedener Veranlagung und Neigung bieten sich erfahrungsgemäß zwei verschiedene Zugänge an: ein theoretisch-systematischer und/oder ein historischer. Einen von ihnen wird man zuerst benutzen.

Theorie

Adam Smiths »Der Wohlstand der Nationen« und David Ricardos »Über die Grundsätze der Politischen Ökonomie und der Besteuerung« werden viel genannt und leider nur selten gelesen. Wer diese lohnende Anstrengung scheut, sollte wenigstens auf die Qualität der Zusammenfassungen achten, zu denen man dann wohl greift. Die Seiten 54-74 in Werner Hofmanns »Wert- und Preislehre« (Hofmann 1979a) können empfohlen werden.

Am »Kapital« von Karl Marx versuchen sich immer wieder Lesegruppen. Oft bewältigen sie den ersten Band bis zum
sechsten Kapitel (Marx 1975: 49-225), bemühen sich im
zweiten Band um die Reproduktionsschemata (Marx 1989:
351-358; 391-518) und lesen im dritten die ersten fünfzehn
Kapitel (Marx 1976: 33-277). Später wird man feststellen,
dass man von diesem Fundament aus die Auswahl dann und
wann erweitern muss und auch kann.

Joseph Schumpeters »Theorie der wirtschaftlichen Entwicklung« (Schumpeter 1997) sollte man vollständig lesen.

Mit John Maynard Keynes steht es ein wenig wie mit
Ricardo und Smith: man meint ihn zu kennen, ohne
den Wortlaut studiert zu haben. Das ist in Ordnung: das
Gravitationsgesetz erschließt man sich ja auch nicht mehr
durch die Lektüre von Isaac Newtons Werken. Dann sollte
man aber bei der Suche nach Einführungen wählerisch sein.
Hier ein Vorschlag: Werner Hofmann, »Theorie der Wirtschaftsentwicklung« (Hofmann 1979b), S. 177-222. Die
marktradikale Gegenposition ist griffig formuliert bei Friedrich August von Hayek: »Der Wettbewerb als Entdeckungsverfahren« (Hayek 1968).

Geschichte

Wer sich für den historischen Zugang entscheidet, muss mehr
lesen als die in erster Linie logisch-analytisch Interessierten.
Aber die drei Bände von Fernand Braudels »Sozialgeschichte
des 15. bis 18. Jahrhunderts« (1990 I, II, III) sind zugleich
ein großes Vergnügen. Wer ihre theoretische Essenz gleichsam in Tablettenform zu sich nehmen will, greift zu dem
Bändchen »Die Dynamik des Kapitalismus« (Braudel 1986),
versäumt aber viel.

Braudels Werk endet mit der Industriellen Revolution. Hier ist dann der Beginn von Eric Hobsbawms vier Büchern über das »lange« 19. und das »kurze« 20. Jahrhundert (Hobsbawm 1997 I, II, III, 1999).

Wer Braudel und Hobsbawm gelesen hat, versteht, weshalb der zweite Nobelpreis für Literatur, der überhaupt vergeben wurde, an einen Historiker ging (Theodor Mommsen, 1902).

Auch Max Webers Schrift »Die protestantische Ethik und der Geist des Kapitalismus« (Weber 1988) nehmen wir in unseren Kanon auf.

Adam Smith, David Ricardo, John Maynard Keynes mit Hilfe von Werner Hofmann, Marx in großer Auswahl, Schumpeters »Theorie der wirtschaftlichen Entwicklung« vollständig und/oder Braudel, Hobsbawm, Max Weber: so kann man anfangen. Ebenso wichtig aber ist der neugierige Blick in die jeweils aktuelle kapitalistische Realität. Ihre gegenwärtige Tendenz zu wachsender Ungleichheit beschreibt Thomas Piketty (Piketty 2014). Bei ihm findet man auch Material, aus dem hervorgeht, dass sie den Kapitalismus, wird er nicht externen Schocks und regulierenden Eingriffen ausgesetzt, grundsätzlich charakterisiert.

Ebenso aktuell ist die Darstellung der beiden Varianten des gegenwärtigen Kapitalismus: der mehr privatwirtschaftlichen und der zugleich staatlich kontrollierten bei Branko Milanović (Milanović 2021).

Sehr hilfreich wird eigene gesellschaftliche Praxis sein. Sie ist – wenn kombiniert mit theoretischer Bemühung – ein vorzügliches Mittel der Erkenntnisgewinnung.

Literatur

Theorie

Farjoun/Machover 1983: Farjoun, Emmanuel, Moshe Machover: Laws of Chaos. A Probabilistic Approach to Political Economy. London 1983.

Hayek 1968: Hayek, Friedrich A.: Der Wettbewerb als Entdeckungsverfahren. Kieler Vorträge[,] gehalten im Institut für Weltwirtschaft an der Universität Kiel. Herausgegeben von Prof. Drs. h. c. Erich Schneider. Neue Folge Nr. 56. Kiel 1968.

Heilbroner 1986: Heilbroner, Robert L.: The Nature and the Logic of Capitalism. New York/London: W. W. Norton & Company 1986.

Hilferding 1968: Hilferding, Rudolf: Das Finanzkapital. Eine Studie über die jüngste Entwicklung des Kapitalismus. Frankfurt [am Main]/Wien 1968.

Hilferding 1982: Hilferding, Rudolf: Probleme der Zeit. In: Stephan, Cora (Hrsg.): Zwischen den Stühlen oder über die Unvereinbarkeit von Theorie und Praxis. Schriften Rudolf Hilferdings 1904–1940. Berlin und Bonn 1982, S. 168-181. Erstveröffentlichung in: Die Gesellschaft, 1. Jahrgang (1924) 1. Band, S. 1-7.

Hobson 1970: Hobson, John A.: Der Imperialismus. 2. Aufl. Köln 1970.

Hofmann 1979a: Hofmann, Werner: Wert- und Preislehre. Berlin 1979. [Sozialökonomische Studientexte. Herausgegeben von Werner Hofmann. Band 1]

Hofmann 1979b: Hofmann, Werner: Theorie der Wirtschaftsentwicklung. Vom Merkantilismus bis zur Gegenwart. Berlin 1979. [Sozialökonomische Studientexte. Herausgegeben von Werner Hofmann. Band 3]

Hofmann 1986: Hofmann, Werner: Einkommenstheorie. Vom Merkantilismus bis zur Gegenwart. Berlin 1986. [Sozialökonomische Studientexte. Herausgegeben von Werner Hofmann. Band 2]

Hofmann 1987: Hofmann, Werner: Grundelemente der Wirtschaftsgesellschaft. 14. Auflage. Reinbek 1987.

Jánossy 1966: Jánossy, Franz, unter Mitarbeit von Maria Holló: Das Ende der Wirtschaftswunder. Erscheinung und Wesen der wirtschaftlichen Entwicklung. Frankfurt/M. 1966.

Keynes 1974: Keynes, John Maynard: Allgemeine Theorie der Beschäftigung, des Zinses und des Geldes. 5. Aufl. Berlin 1974.

Kondratieff 1926: Kondratieff, N. D.: Die langen Wellen der Konjunktur. In: Archiv für Sozialwissenschaft und Sozialpolitik, 56. Band / 3. Heft. Tübingen 1926. S. 573-609.

Kurz/Rieger 2013: Kurz, Konstanze, Frank Rieger: Arbeitsfrei. Eine Entdeckungsreise zu den Maschinen, die uns ersetzen. München 2013.

Lambrecht/Tjaden/Tjaden-Steinhauer 1998: Lambrecht, Lars, Karl Hermann Tjaden, Margarete Tjaden-Steinhauer: Gesellschaft von Olduvai bis Uruk. Soziologische Exkursionen. Kassel 1998.

Lenin 1961: Lenin, W. I.: Der Imperialismus als höchstes Stadium des Kapitalismus. Gemeinverständlicher Abriß. In: Lenin, W. I.: Ausgewählte Werke. Band I. Berlin 1961. S. 709-817.

Luxemburg 1985: Luxemburg, Rosa: Die Akkumulation des Kapitals. Ein Beitrag zur ökonomischen Erklärung des Imperialismus. In: Luxemburg, Rosa: Gesammelte Werke. Band 5: Ökonomische Schriften. Berlin 1985.

Marx 1968: Marx, Karl: Inauguraladresse der Internationalen Arbeiterassoziation, gegründet am 28. September 1864 in öffentlicher Versammlung in St. Martin's Hall, Long Acre, in London. In: Marx, Karl, und Friedrich Engels: Werke (MEW) Band 16, Berlin 1968, S. 5-13.

Marx 1975: Marx, Karl: Das Kapital. Kritik der Politischen Ökonomie. Erster Band. Buch I: Der Produktionsprozeß des Kapitals.(= Marx, Karl, und Friedrich Engels: Werke. Herausgegeben vom Institut für Marxismus-Leninismus beim ZK der SED [MEW] Band 23) Berlin 1975.

Marx 1976: Marx, Karl: Das Kapital. Kritik der Politischen Ökonomie. Dritter Band. Buch III: Der Gesamtprozeß der kapitalistischen Produktion. Herausgegeben von Friedrich Engels (= Marx, Karl, und Friedrich Engels: Werke. Herausgegeben vom Institut für Marxismus-Leninismus beim ZK der SED [MEW] Band 25) Berlin 1976.

Marx 1989: Marx, Karl: Das Kapital. Kritik der Politischen Ökonomie. Zweiter Band. Buch II: Der Zirkulationsprozeß des Kapitals. (= Marx, Karl, und Friedrich Engels: Werke. Herausgegeben vom Institut für Marxismus-Leninismus beim ZK der SED [MEW] Band 24) Berlin 1989.

Milanović 2021: Milanović, Branko: Kapitalismus global. Über die Zukunft des Systems, das die Welt beherrscht. 2. Aufl. Berlin 2021.

Quaas 1992: Quaas, Friedrun: Das Transformationsproblem. Ein theoriehistorischer Beitrag zur Analyse der Quellen und Resultate einer Diskussion. Marburg 1992.

Ricardo 1994: Ricardo, David: Über die Grundsätze der Politischen Ökonomie und der Besteuerung. Marburg 1994.

Schumpeter 1997: Schumpeter, Joseph: Theorie der wirtschaftlichen Entwicklung. Eine Untersuchung über Unternehmergewinn, Kapital, Kredit, Zins und den Konjunkturzyklus. Neunte Auflage. Berlin 1997.

Smith 1988: Smith, Adam: Der Wohlstand der Nationen. Eine Untersuchung seiner Natur und seiner Ursachen. Aus dem Englischen übertragen und mit einer umfassenden Würdigung des Gesamtwerkes herausgegeben von Horst Claus Recktenwald. 4. Aufl. München 1988.

Spiethoff, Arthur: Die wirtschaftlichen Wechsellagen. 2 Bde. Tübingen 1955.

Thünen 1990: Thünen, Johann Heinrich von: Der isolierte Handelsstaat in Bezug auf Landwirtschaft und Nationalökonomie. Berlin 1990.

Geschichte

Arrighi 1996: Arrighi, Giovanni: The Long Twentieth Century: Money, Power, and the Origins of Our Times. 2. Aufl. London 1996.

Beckert 2015: Beckert, Sven: King Cotton. Eine Geschichte des globalen Kapitalismus. 2. Aufl. München 2015.

Braudel 1986: Braudel, Fernand: Die Dynamik des Kapitalismus. Stuttgart 1986.

Braudel 1990 I: Braudel, Fernand: Sozialgeschichte des 15.–18. Jahrhunderts. – [Bd. 1] Der Alltag. München 1990.

Braudel 1990 II: Braudel, Fernand: Sozialgeschichte des 15.–18. Jahrhunderts. – [Bd. 2] Der Handel. München 1990.

Braudel 1990 III: Braudel, Fernand: Sozialgeschichte des 15.–18. Jahrhunderts. – [Bd. 3] Aufbruch zur Weltwirtschaft. München 1990.

Elias 2001: Elias, Norbert: Über den Prozeß der Zivilisation. Soziogenetische und psychogenetische Untersuchungen. 2 Bde. Frankfurt/Main 2001.

Fischer 1961: Fischer, Fritz: Griff nach der Weltmacht. Die Kriegszielpolitik des kaiserlichen Deutschland 1914/18. Düsseldorf 1961.

Fischer 1969: Fischer, Fritz: Krieg der Illusionen. Die deutsche Politik von 1911 bis 1914. Düsseldorf 1969.

Fischer 1979: Fischer, Fritz: Bündnis der Eliten. Zur Kontinuität der Machtstrukturen in Deutschland 1871–1945. Düsseldorf 1979.

Fülberth 2014: Fülberth, Georg: G Strich – Kleine Geschichte des Kapitalismus. 5., überarbeitete und erweiterte Auflage. Köln 2014.

Hobsbawm 1962: Hobsbawm, Eric J.: Sozialrebellen. Archaische Sozialbewegungen im 19. und 20. Jahrhundert. Neuwied am Rhein und Berlin-Spandau 1962.

Hobsbawm 1997 I: Hobsbawm, Eric: The Age of Revolution. Europe 1789–1884. London 1997.

Hobsbawm 1997 II: Hobsbawm, Eric: The Age of Capital 1848–1875. London 1997.

Hobsbawm 1997 III: Hobsbawm, Eric: The Age of Empire. 1875–1914. London 1997.

Hobsbawm 1999: Hobsbawm, Eric: Das Zeitalter der Extreme. Weltgeschichte des 20. Jahrhunderts. 3. Aufl. München 1999.

Kriedte 1980: Kriedte, Peter: Spätfeudalismus und Handelskapital. Grundlinien der europäischen Wirtschaftsgeschichte vom 16. bis zum Ausgang des 18. Jahrhunderts. Göttingen 1980.

Kuczynski 1964: Kuczynski, Jürgen: Die Geschichte der Lage der Arbeiter unter dem Kapitalismus. Band 23: Darstellung der Lage der Arbeiter in England von 1760–1832. Berlin 1964.

Le Goff 1993: Le Goff, Jacques: Kaufleute und Bankiers im Mittelalter. Frankfurt/New York 1993.

Opitz 1994: Opitz, Reinhard (Hrsg.): Europastrategien des deutschen Kapitals 1900–1945. 2. Aufl. Bonn 1994.

Parker 1990: Parker, Geoffrey: Die militärische Revolution. Die Kriegskunst und der Aufstieg des Westens 1500–1800. Frankfurt/Main und New York 1990.

Piketty 2014: Piketty, Thomas: Das Kapital im 21. Jahrhundert. München 2014.

Pirenne, Henri: Geschichte Europas. Von der Völkerwanderung bis zur Reformation. Frankfurt am Main 1961.

Polanyi 1978: Polanyi, Karl: The Great Transformation. Politische und ökonomische Ursprünge von Gesellschaften und Wirtschaftssystemen. 2. Aufl. Frankfurt am Main 1978.

Rosenberg 1967: Rosenberg, Hans: Große Depression und Bismarckzeit. Wirtschaftsablauf, Gesellschaft, Politik in Mitteleuropa. Berlin 1967.

Sombart 1987 I,1: Sombart, Werner: Der moderne Kapitalismus. Historisch-systematische Darstellung des gesamteuropäischen Wirtschaftslebens von seinen Anfängen bis zur Gegenwart. Erster Band. Die vorkapitalistische Wirtschaft. Erster Halbband. Unveränderter Nachdruck der 2., neugearbeiteten Auflage. München 1987.

Sombart 1987 I,2: Sombart, Werner: Der moderne Kapitalismus. Historisch-systematische Darstellung des gesamteuropäischen Wirtschaftslebens von seinen Anfängen bis zur Gegenwart. Erster Band. Die vorkapitalistische Wirtschaft. Zweiter Halbband. Unveränderter Nachdruck der 2., neugearbeiteten Auflage. München 1987.

Sombart 1987 II,1: Sombart, Werner: Der moderne Kapitalismus. Historisch-systematische Darstellung des gesamteuropäischen Wirtschaftslebens von seinen Anfängen bis zur Gegenwart. Zweiter Band: Das europäische Wirtschaftsleben im Zeitalter des Frühkapitalismus, vornehmlich im 16., 17. und 18. Jahrhundert. Erster Halbband. Unveränderter Nachdruck der 2., neugearbeiteten Auflage. München 1987.

Sombart 1987 II,2: Sombart, Werner: Der moderne Kapitalismus. Historisch-systematische Darstellung des gesamteuropäischen Wirtschaftslebens von seinen Anfängen bis zur Gegenwart. Zweiter Band: Das europäische Wirtschaftsleben im Zeitalter des Frühkapitalismus, vornehmlich im 16., 17. und 18. Jahrhundert. Zweiter Halbband. Unveränderter Nachdruck der 2., neugearbeiteten Auflage. München 1987.

Sombart 1987 III,1: Sombart, Werner: Der moderne Kapitalismus. Historisch-systematische Darstellung des gesamteuropäischen Wirtschaftslebens von seinen Anfängen bis zur Gegenwart. Dritter Band: Das Wirtschaftsleben im Zeitalter des Hochkapitalismus. Erster Halbband. Die Grundlagen – Der Aufbau. Unveränderter Nachdruck der 1. Auflage (Duncker & Humblot) 1927. München 1987.

Sombart 1987 III,2: Sombart, Werner: Der moderne Kapitalismus. Historisch-systematische Darstellung des gesamteuropäischen Wirtschaftslebens von seinen Anfängen bis zur Gegenwart. Dritter Band: Das Wirtschaftsleben im Zeitalter des Hochkapitalismus. Zweiter Halbband. Der Hergang der hochkapitalistischen Wirtschaft. Die Gesamtwirtschaft. Unveränderter Nachdruck der 1. Auflage (Duncker & Humblot) 1927. München 1987.

Streeck 2014: Streeck, Wolfgang: How will Capitalism End? In: New Left Review 87. May/June 2014. S. 35-64.

Thompson 1987: Thompson, E. P.: Die Entstehung der englischen Arbeiterklasse, 2 Bde., Frankfurt am Main 1987.

Wallerstein 1984: Wallerstein, Immanuel: Der historische Kapitalismus. Berlin 1984.

Wallerstein 1986: Wallerstein, Immanuel: Das moderne Weltsystem: Kapitalistische Landwirtschaft und die Entstehung der europäischen Weltwirtschaft im 16. Jahrhundert. Frankfurt am Main 1986.

Wallerstein 1998: Wallerstein, Immanuel: Das moderne Weltsystem II – der Merkantilismus. Europa zwischen 1600 und 1750. Wien 1998.

Wallerstein 2004: Wallerstein, Immanuel: Die große Expansion. Das moderne Weltsystem III. Die Konsolidierung der Weltwirtschaft im langen 18. Jahrhundert. Wien 2004.

Weber 1988: Weber, Max: Die protestantische Ethik und der Geist des Kapitalismus. In: Ders.: Gesammelte Aufsätze zur Religionssoziologie I. 9. Aufl. Tübingen 1988. S. 1-206.

Einzelaspekte

Cardoso 1974: Cardoso, Fernando Henrique: Abhängigkeit und Entwicklung in Lateinamerika. In: Senghaas, Dieter (Hrsg.): Peripherer Kapitalismus. Analysen über Abhängigkeit und Unterentwicklung. Frankfurt am Main 1974. S. 201-220.

Esping-Andersen 1999: Esping-Andersen, Gösta: The three Worlds of Welfare Capitalism. Cambridge: Polity Press 1999.

Foucault 1969: Foucault 1969: Foucault, Michel: Wahnsinn und Gesellschaft. Frankfurt/Main 1969.

Foucault 1976: Foucault, Michel: Überwachen und Strafen. Die Geburt des Gefängnisses. Frankfurt am Main 1976.

Foucault 1978: Foucault, Michel: Dispositive der Macht. Über Sexualität, Wissen und Wahrheit. Berlin 1978.

Foucault 1983: Foucault, Michel: Der Wille zum Wissen. Frankfurt am Main 1983.

Foucault 2002: Foucault 2002: Foucault, Michel: Die Geburt der Klinik. Eine Archäologie des ärztlichen Blicks. 6. Aufl. Frankfurt/Main 2002.

Goldberg 2014: Goldberg, Jörg: Die Große Krise und der Aufstieg des Südens. In: Z. Zeitschrift Marxistische Erneuerung. Nr. 100, Dezember 2014. S. 47-55.

Goldberg 2015: Goldberg, Jörg: Die Emanzipation des Südens. Die Neuerfindung des Kapitalismus aus Tradition und Weltmarkt. Köln 2015.

Huffschmid 2002: Huffschmid, Jörg: Politische Ökonomie der Finanzmärkte. Aktualisierte und erweiterte Neuauflage. Hamburg 2002.

Katzenstein 1967: Katzenstein, Robert: Die Investitionen und ihre Bewegung im staatsmonopolistischen Kapitalismus. Zu einigen Fragen der Reproduktion des fixen Kapitals, der zyklischen Bewegung der Gesamtproduktion und des technischen Fortschritts in Westdeutschland nach dem Kriege. Berlin 1967.

Katzenstein 1974: Katzenstein, Robert: Technischer Fortschritt – Kapitalbewegung – Kapitalfixierung. Einige Probleme der Ökonomie des fixen Kapitals unter den gegenwärtigen Bedingungen der Vergesellschaftung der Produktion im staatsmonopolistischen Kapitalismus. Berlin 1974.

Strange 1986: Strange, Susan: Casino Capitalism. Oxford und New York 1986.

Zeise 2009: Zeise, Lucas: Ende der Party. Die Explosion im Finanzsektor und die Krise der Weltwirtschaft. 2., aktualisierte und erweiterte Auflage. Köln 2009.

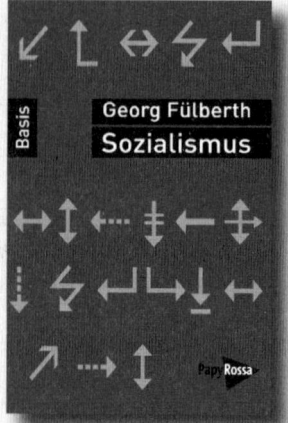

Georg Fülberth

Sozialismus
**Basiswissen Politik /
Geschichte / Ökonomie**

4., aktual. u. erweiterte Aufl.
Pocketformat
119 Seiten; € 9,90 [D]
ISBN 978-3-89438-430-2

Was Sozialismus sei, wird angesichts der Krisenhaftigkeit
seines Gegenstücks, des Kapitalismus, heftig debattiert. Was
gemeint ist, bleibt trotzdem häufig unklar. Dem kann dieser
Leitfaden abhelfen. Unter Sozialismus versteht er dreierlei:

a) eine Gesellschaftsordnung;
b) eine politische Bewegung und ihre Theorie;
c) ein untergeordnetes Organisationsprinzip
   in der kapitalistischen Gesellschaft.

Diese Definition macht es nötig, in gebotener Kürze,
aber dennoch präzise die Grundzüge der Geschichte der
sozialistischen Bewegungen seit Entstehung der bürgerlichen
Gesellschaft, des staatlich verfassten Sozialismus seit 1917
und von Vergesellschaftungstendenzen im Kapitalismus selbst
herauszuarbeiten. Abschließend fragt der Verfasser nach
Möglichkeiten für eine Zukunft des Sozialismus.